中国古董家具
收藏与鉴赏

中国古董家具
收藏与鉴赏

〔美〕卡伦·马祖尔克维奇◎著　崔　铮◎译

北京科学技术出版社

著作权合同登记号　图字：01-2020-1974

图书在版编目（CIP）数据

中国古董家具收藏与鉴赏 /（美）卡伦·马祖尔克维奇著；崔铮译 . — 北京：北京科学技术出版社，2022.9

书名原文：Chinese Furniture

ISBN 978-7-5714-2033-8

Ⅰ . ①中… 　Ⅱ . ①卡… ②崔… 　Ⅲ . ①家具—收藏—中国 ②家具—鉴赏—中国 　Ⅳ . ① G262.5 ② TS666.2

中国版本图书馆 CIP 数据核字（2022）第 035028 号

策划编辑：刘　超　张心如
责任编辑：刘　超
责任校对：贾　荣
营销编辑：葛冬燕
封面设计：异一设计
图文制作：史维肖
责任印制：李　茗
出 版 人：曾庆宇
出版发行：北京科学技术出版社
社　　址：北京西直门南大街16号
ISBN 978-7-5714-2033-8

邮政编码：100035
电　　话：0086-10-66135495（总编室）
　　　　　0086-10-66113227（发行部）
网　　址：www.bkydw.cn
印　　刷：北京利丰雅高长城印刷有限公司
开　　本：889 mm × 1194 mm　1/16
字　　数：500千字
印　　张：14.25
版　　次：2022年9月第1版
印　　次：2022年9月第1次印刷

定　　价：198.00元

作者

　　卡伦·马祖尔克维奇（Karen Mazurkewich）是《华尔街日报》（*Wall Street Journal*）驻亚洲记者。她在香港时对东方文化和古董行业进行了为期4年的连续报道。在此期间，她采访了很多业内著名的藏家、古董商和家具经销商，见到了很多珍品古董家具，也收集了很多赝品古董家具的案例，从而深入了解了中式古董家具的价值和市场发展状况，为创作本书打下了坚实的基础。

摄影师

　　王行富（A.Chester Ong），生于菲律宾，现居香港。曾游历亚洲各地，拍摄了大量的摄影作品。他的摄影作品被很多杂志、书籍以及展会采用。其摄影作品主要收录在《热带生活：菲律宾当代梦幻住宅》（*Tropical Living: Contemporary Dream House in the Philippines*）、《中国时尚》（*China Morden*）、《中国住宅》（*Chinese Houses*）和《25座菲律宾热带房屋》（*25 Tropical Houses in the Philippines*）。

致谢

直到20世纪80年代初期,我们对于中式古董家具依然知之甚少。在西方,市面上的精品中式古董家具屈指可数。直到中国实行改革开放政策,中国古董家具市场才初具规模。经验最为丰富的古董商纷纷化身为一线学者,一边筛选精品,一边打磨技艺和储备专业知识。在撰写此书的过程中,我常常向这些富有实战经验的古董商求教。他们无私地提供个人藏品的照片,详细地讲解家具地域风格等诸多方面的知识。可以说,没有他们的帮助就没有这本书的问世。

首先,我要感谢的人是知名古董商蒋霭玲(Qi Ling Chiang)女士。我在为《华尔街日报》香港分社撰写专栏时,有一期是关于赝品家具的,为此我联系到了蒋霭玲女士。初次见面,我们便一起到古董家具市场上现场体验"优质家具""次品家具""赝品家具"。在这一过程中,她为我讲解了许多专业知识,分享她从业多年的心得体会。她认为,古董家具市场应该更加公开透明。只有买家对赝品、仿品有更多的了解,他们才能避免上当,才能对诚实的古董商产生更多信任。她为我打开了神秘世界的一扇门,并鼓励我撰写一本关于中式家具艺术形式的书籍,以便让人们更好地了解中国古董家具。

接下来要感谢的是另一位古董商马可乐(Cola Ma)先生。他慷慨地与我分享了古董家具行业中"倒爷"的相关信息以及他个人的独到见解。"倒爷"走街串巷,深入中国的乡村腹地,搜寻那些遗落在民间的珍宝,经过简单修复后出手以赚取差价。马可乐先生为我们的摄影师王行富提供了进入仓库的机会,允许他对藏品进行拍照,实为慷慨之举。

感谢王就稳(Charles Wong)先生、黑国强(Andy Hei)先生及其父亲黑洪禄(Hei Hung Lu)先生。他们不仅允许我们进入其作坊和展厅拍摄家具照片,还提供了其他珍贵的照片供出版图书之用。还要感谢藏家陈智安(Edmond Chin)和罗启妍(Kai-Yin Lo)邀请我们到家中拍摄家具陈设的场景照片。此外,古董商洪光明(John Ang)、陈鉴泉(Albert Chan)、克里斯托弗·库克(Christopher Cooke)、阿曼达·克拉克(Amanda Clark)、设计师陈仁毅(Jerry Chen)以及资深藏家冯耀辉(Peter Fung)等人为我们提供了大量的家具照片,均来自他们的个人资料汇编;摄影师米夏埃尔·沃尔夫(Michael Wolf)以及理查德·琼斯(Richard Jones)十分慷慨,允许我复制和使用他们拍摄的许多精美照片;美国明尼阿波利斯美术馆、香港历史博物馆、台北故宫博物院以及香港佳士得等机构也为我提供了丰富的照片。我深表感激,在此一并谢过。若是没有他们的鼎力支持,我对中国古董家具的了解不可能如此全面。

还有几位新加坡友人也慷慨地允许摄影师王行富进入他们家中和店铺中拍摄所需的家具照片。新加坡宝塔屋画廊(Pagoda House Gallery)的克里斯托弗·诺托(Christopher Noto)、新加坡鲁班庄(Luban Zhuang Pte Ltd)的黄志达(Philip Ng)、新加坡安董堂古典家具公司的安东尼·李(Anthony Lee)及其女儿丹妮尔(Danielle)以及其他几位不愿具名的藏家,对于以上诸位,我铭感五内。

《图说中国民居》一书的作者那仲良(Ronald Knapp)先生非常大度,无私地允许出版商将其书中的诸多照片为我所用。这些照片均由王行富拍摄,刚好可以作为本书中许多经典硬木家具的实物参考照片(涉及本书第1页、第4页、第5页、第13页、第25页、第66页、第77页、第80页、第81页、第132页、第142页、第143页、第145页、第168页、第169页以及第178页)。此外,本书扉页的照片复制于莎伦·利斯(Sharon Leece)所著的《中国时尚》(China Modern)一书,照片由王行富拍摄;第218页的照片来源于《中式家居》(China Style)一书,亦是出自莎伦·利斯之手,照片由迈克尔·弗里曼(Michael Freeman)拍摄。

最后,我要感谢的人是柯惕思(Curtis Evarts),他通读了本书的初稿,并给出了许多专业的修改意见和建议;还要感谢本书的编辑诺尔·阿兹莉娜·尤努斯(Noor Azlina Yunus)女士为本书所做的一切。

目录

第1章
浴火重生

在中国发展的漫长岁月中，出现了众多的艺术形式，诸如陶瓷、漆器和书法等，家具可能是其中最不为人关注，也是最晚被列入收藏名单中的。

而现在，那些曾经在作坊里默默无闻辛苦劳作的木匠们成了无名英雄，被尊为真正的工匠，他们的作品也身价飙升，动辄高达数十万美元。明清时期，这些天赋异禀的工匠让家具的内涵得以升华，使其在一般的功能性之外还融入了哲学思想。通过巧妙地结合木材纹理、尝试不同的空间尺寸以及创新的木工接合件样式，简洁而纯粹的桌椅被赋予了更高层次的内涵：天人合一。

市面上最好的家具都是富有生命力的。家具迷们从其牙角、围板、靠背板和腿足等曲线以及轮廓柔和的部位中寻找家具的活力与律动。这些特质从莲花宝座到象鼻椅都有所体现。

20世纪30年代，中国古董家具走向国际市场。当时，一些居住在北京和上海的欧美学者开始收集精美的中国古董家具。在1949年中华人民共和国成立之前，这些学者的大部分藏品都已被偷偷运送到了美国，后来成为堪萨斯城、费城和纽约博物馆的主要藏品。在中国改革开放之前的数十年间，内地一直处于相对封闭的状态，人们普遍认为，上述博物馆里的艺术品是中国仅存的明朝及早清时期的家具，因此将它们视为"把木工手艺提升为高雅艺术的失落文明的最后残迹"。这种想法当然是错误的。在当时中国一些闭塞落后的省份，如安徽（图1）和山西，尚有大量的明清家具无人赏识，无人问津。在中国社会改革此起彼伏之时，像王世襄先生这样的老一辈学者一直在北京的旧货和古玩市场上默默耕耘，苦心搜寻着明式风格的古董家具。在此期间，他收集了数十件明式家具，在北京当地工匠的帮助下完成了拆装，并进行了详细的文字记录。如此这般辛苦，全然出于热爱，但在"文革"期间，这种研究几乎停滞，因为凡是贴上"资风"标签的东西都会被罚没并销毁（图2）。曾经求之难得的明清家具却惨遭嫌恶，弃如敝屣。"文革"期间，由于上纲上线，美丑不分，无数珍品被成堆地扔在大街上，等待它们的，要么是

图1（前页）
知名珠宝设计师、古董藏家罗启妍家中的中国古董家具，其中的玫瑰椅和玫瑰窗格来自安徽省。

图2（上面）
河南的康氏庄园始建于明末清初，"文革"期间因作为教育集会场所而躲过一劫。图正中是一张大型的四柱天蓬床，原是康氏庄园之物，后被弃置储物间。20世纪90年代对庄园进行修缮时，将其重新放置在家族最后一位女族长的卧室中。

图3

被付之一炬，要么是被粗暴地堆放在杂货仓库。中国木工技艺是靠代代相传的口授文化得以维系的，所以在这种情况下，明清古董家具面临绝迹的风险。让人欣慰的是，还是有很多明清古董家具得以幸存（图3）。其中一部分由于被扔到了偏远的农村地区而幸免于难，还有一部分是因为有责任心的学者和干部的庇护，他们冒着风险从丢弃在仓库的家具中选出珍品加以保护。

20世纪70年代末开始，国家陆续采取了一些补救措施。王世襄的私人藏品最终得以物归原主，后被香港的资深收藏家及商人庄贵伦（Quincy Chuang）购入，并以庄氏家族的名义捐献给了上海博物馆。不过，那些堆积于仓库中的大

部分家具，最终都没能逃过"廉价出清"的厄运。

到了20世纪80年代中期，随着改革开放政策的实施，古董家具开始走出国门，且数量可观；它们还现身于香港著名的古董交易地"猫街"。识货的古董商和收藏家迅速出手抢购，广为人知的资深收藏家，比如香港的冯耀辉、英国的罗伯特·毕格史（Robert Piccus）以及香港的叶承耀（Shing Yiu Yip）医生等赫然在列（图4、图5）。虽然大部分的交易都是私下进行的，但中国古董家具在市场上的知名度不断攀升，最为明显的表现是1996年纽约佳士得明清家具藏品拍出了高达1120万美元的成交额，创下了当时10年内中国艺术藏品单一类别的成

交价最高纪录。单件藏品的交易纪录也在不断刷新。

随着中国的富人阶层开始重新审视历史，这一趋势将会继续下去。像北京企业家赵平这样的中国新兴的艺术爱好者，在重新点燃中国人收藏艺术品热情的同时，也不可避免地投身于中国传统文化复兴的滚滚历史洪流中。他说："我认为收藏有助于我更好地了解中国的历史。"作为一名电子专业的学生，赵平打算通过这种方式弥补在学校求学期间没有深入了解中国历史的遗憾。

新一轮的文化变革已然来袭，整个市场正在悄然改变，中式家具复兴在即（图6、图7）。

图3
罗启妍香港公寓中的一对双开门顶箱柜和南官帽椅。这些幸存下来的古董家具如今已成为富人身份的象征。

图4
黄花梨南官帽椅，或称文椅。照片由英国的罗伯特·毕格史提供。

图5
18世纪产自华北地区的黄花梨玫瑰椅，牙条上饰有卷草纹图案的浮雕，它的特别之处是没有靠背板。照片由香港的冯耀辉提供。

图6
马可乐位于天津的家。其中大部分家具来自山西省，都是他的私人藏品，他本人亦是中式软木家具领域的专家。

图7（第4~5页）
"乐善堂"，苏州甪直镇沈宅（教育家沈柏寒先生旧居）的主要建筑，始建于1870年，是典型的晚清苏式风格。室内陈设一应俱全，各式家具以及浮雕作品、挂屏、书法和字画等应有尽有。

 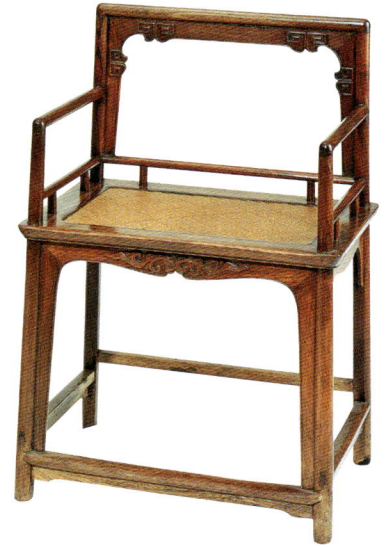

图4   图5

图6

读书最乐俊彦都由名教来

尊德乐家合泽戴仁

堂

經濟有成事業俱自苦志起

樂

蘇氣祥光清聲美行

第2章

风格演化

在历史上的很长一段时间里，中国人是"席地而坐"的。无论是休息、会客还是用餐，人们都是跪坐、盘腿而坐或是斜倚在放置于地面的编织垫上，旁边是一些基本的生活用具和少量低矮的家具。众所周知，中式家具的雏形最早出现于唐代。进入北宋时期，位高权重的官员逐渐开始使用桌椅，而到了北宋末年，"垂足坐"已遍及整个社会的各个阶层。与此同时，家具的设计与制作技术也日臻成熟，拥有家具不再是少数人的特权（图8~10）。

中式家具的演化过程至今仍不是很清楚。就目前掌握的资料来看，早在2000多年前，为了摆脱在又冷又硬的地面上"席地而坐"的状况，中国的古人就开始制作距离地面一定高度的带有台面的坐具。目前已知最早的一件家具是一张黑漆木床，它出土于河南信阳，是1957年在一个战国时期的墓穴中发现的。学者推测，这张雕刻精美的木床是为楚国的一位将军打造的。这张木床不仅是他的卧榻，还兼有礼仪功能，供其端坐其上发号施令。

在河南省的汉墓中发现的浅浮雕和壁画上绘有盘腿坐于低矮卧榻之上的人物，进一步证明高型坐具早在汉代就已经出现了。这些坐具很可能是用砖搭建的"炕"（可以在底部燃烧燃料来加热，在台面上铺上厚垫子和毛毯后可用作床铺，尤其适合冬天使用）的改良版。

从"席地而坐"到"垂足坐"，这一演变不是一蹴而就的。这期间出现过许多过渡形式的"坐"法，从跪坐到盘腿坐不一而足。即便人们已经开始使用高出地面一定距离的坐具，他们依然会斜倚在座面上，很大程度上还是更接近"席地而坐"。又经过了数百年，人们才

图8（第6页）
陈枚创作的《月曼清游图·闲亭对弈》。他是清朝乾隆年间的宫廷画家，活跃于18世纪初。画中展示了一把南官帽椅和一张八仙桌。图片由台北故宫博物院提供。

图9
出自明万历年间的木版画《红拂记》。画中的三人坐在用藤条或织物缠绕的鼓凳上，围在一张八仙桌旁谈论。图片由香港资深的中国古董家具藏家伍嘉恩（Grace Wu Bruce）女士提供。

图10
出自明万历年间的戏曲木版画《双鱼记》。画中的两名男子坐在圆腰凳上，正靠在一张条桌旁享用美食。图片由伍嘉恩女士提供。

图11

图12

图13

图14

图11
18世纪初的黄花梨折叠凳。照片由英国的罗伯特·毕格史提供。

图12
折叠凳椅腿交叉处用以固定的白铜铰链。这种铰链既有装饰性，又能保证椅子的稳定性。照片由英国的罗伯特·毕格史提供。

图13
17世纪的软木靠背交椅，涂有深色生漆。这是一对饰有红漆盘龙图案的椅子中的一把，靠背板的上部镂刻如意纹，下部镂刻壶门。折叠后，椅子只有7.5英寸（约19厘米）宽。照片由英国的罗伯特·毕格史提供。

图14
宋朝时期，人们为折叠凳添置了靠背，创造了交椅这种最早的椅子形式之一。马可乐的藏品。

图15
16世纪末到17世纪初的黄花梨太师样交椅。目前已知的明式黄花梨交椅不足20件。图中，靠背板上部镂刻如意纹，内刻无角螭龙，靠背板中央饰以神秘瑞兽麒麟，环以云纹和树木图案。椅子的接合处以黄铜加固。藏品来自叶承耀医生的攻玉山房，照片由伍嘉恩女士提供。

逐渐习惯背部挺直、双腿垂下、双足踏地的坐姿。

家具的发展存在两条并行的轨迹。可以"垂足坐"的坐具原型最早出现于汉灵帝时期，可能是借鉴外来文化的产物。这种可折叠的凳子或躺椅被称为"胡床"，在当时成了权力的象征。可以把"胡床"看作一种超大规格的凳子，其构造简单：前后凳腿在交叉处用铰链相连，然后用一根绳子在顶部枨子之间来回缠绕联结以编织出座面（图11、图12）。高型坐具最初就是为了向处于从属地位的下层人士彰显权威而设计的，尤其是在战场上，只有高级将领才能坐在这样的凳子上。不过，"胡床"最终走下神坛，进入千家万户，无论是王侯贵族还是平民百姓都可以使用。这种凳子便于携带，折叠后可以轻松挂在肩上。到了宋代，人们给这种简易的折叠凳添置了靠背，看起来跟现在的英式折叠躺椅有些类似（图13、图14）。这些坐具通常使用软木制成，然后经过上漆处理。靠背板的曲线同立柱和椅腿完美地融合在一起，立柱和椅腿通常来自同一块木料。这类坐具还有其他的衍生版本，比如折叠靠背三人长椅、折叠扶手椅等，其中最高贵气派的莫过于马蹄形交椅（图15）。

"胡床"一词由何而来无人得知。所谓的"胡"指代不明，其来自北方游牧部落的可能性微乎其微，因为没有证据表明，这些部落曾使用过此类坐具。学者推测，"胡"只是一个笼统的称谓，用来指代所有的外来事物。因此，这些坐具很可能是受到来自印度的折叠椅的启发而设计，并随着佛教一起传入中国的，或者是经由丝绸之路，由来自叙利亚的商人引入中国的。南北朝时期，随着佛教的广泛传播，随之而来的还有各式各样的凳类坐具，藤编沙漏形坐墩就是其中之一。在一幅北魏时期的石窟壁画上，一位师傅端坐于这样的坐具之上，有弟子环伺左右。美国著名的中国古董家具收藏家、研究学者柯惕思推

测，这个坐具的灵感可能来自经丝绸之路传入中国的希腊坐具。

我们现在所熟知的刚性框架的椅子，结构更为复杂，最早出现于唐朝（图16）。从考古发现来看，由低矮坐具到高型坐具的转变是一个缓慢而持续的过程，并在唐朝终于初见成果。概因随着佛教的普及，困扰北魏时期的社会冲突逐渐平息，太平盛世显现，人们因此有了更多的时间和机会去创新和改进奢侈用品，比如家具（图17）。

"椅"源自汉字的"倚"，在10世纪已经开始使用。最初，"椅"就是为了方便人们能够悠闲地思考而出现的。虽说

它的灵感部分来自胡床，但就其框架结构而言，更接近于欧洲拜占庭的坐具。有学者推测，在开放的大唐，朝廷官员受到埃及和罗马习俗的影响，对于更为舒适的花园休闲椅心生向往，由此催生了这种新型坐具。

这种原本只属于上层社会的奢侈品很快便在民间普及。日本僧人圆仁（Ennin）于838—847年间到大唐求法，他在游记中记载了朝廷高官使用椅子的情况。就在他离开后不久，鸿商富贾们也加入了定制休闲椅的行列。

10世纪，五代十国时期南唐画家顾闳中曾创作过一幅名为《韩熙载夜宴图》

图15

的绘画作品。画中的宾客们坐在带有装饰栏杆的 U 形卧榻上，旁边是靠背椅、高脚夹头榫几案以及立式屏风等家具。从这幅画中，人们首次窥见中式家具的演化过程（图13），画中的坐具和几案便是后来风靡北宋初期的扶手椅、玫瑰椅和条桌的雏形。北宋初年，高型坐具和几案是达官显贵豪宅中的标配，这幅画也成了这一景象的见证。在当时的上层社会，作为时尚标志的家具极为流行，这无异于引发一场革命。

对于宋式家具，稳定性是核心，功能性是主宰。早期家具严格遵循以梁柱结构为基础的制造原则，同时还孕育成熟了一种精巧的接合工艺经典结构——榫卯结构。正是这一特殊工艺，使中式家具与西式家具迥然不同。

不过，随着时间的推移，木匠们的创作热情不断高涨，家具的艺术性逐渐凸显出来，人们对于实用性的关注反而弱化了。在 11 世纪的木版画中，描绘了许多外观简洁却饱含真正艺术气息的家具。其中有一款简单的方桌，粗壮结实的桌腿以一种优美的曲线与桌面相连，同时以精致的马蹄形支脚立于地面之上。

宋式家具看似简单，但十分雅致。起初，躺椅和画案的面板之下均为箱式结构，这种造型在唐朝较为普遍。南宋宫廷画家刘松年的《撵茶图》（图19）中的画案，便是此类。不过，创新很快就如雨后春笋般涌现。新的变式在基础造型的基础上应运而生，比如带装饰性束腰的桌案和权杖形的桌腿等（图20、图21）。在北宋画家王诜的《绣栊晓镜图》（图22）中便有这样的桌腿。同期出现的其他经典元素还包括圆腿夹头榫、罗锅枨和直足等，这些元素在清朝陈枚创作

图16

图17

的《月曼清游图·闲亭对弈》中都有所体现（图8）。

这并不奇怪，因为当时室内设计得到了文人阶层的极大关注，他们就是时尚潮流的风向标。正如林莉娜（Lina Lin）在撰写台北故宫博物院图录《画中家具特展》时提到的那样，在宋朝时期，根据不同的个人需求，家具经历了相当自由的改良和创新。

在接下来的元代和明代，文人们继承了宋代早期形成的传统，并将其发扬光大。明朝时期，家具手工艺水平达到了新的高度。1402年，明成祖朱棣登基，在北京建造新的皇宫。随着新皇宫的建成，之前的宫廷作坊得以恢复，大量精品力作如雨后春笋般不断涌现。现存于伦敦维多利亚和阿尔伯特博物馆中的带雕刻纹饰的供案便是其中之一。虽然宋代文人雅士崇尚装饰性的漆绘和曲线，可后世文人却表现出更为简朴的审美倾向。他们对于干净的线条和清晰的轮廓情有独钟，并且更注重展现硬木的天然纹理样式，比如黄花梨（现在这种热带红木树种近乎绝迹）。

中国古典家具的发展在明嘉靖至清康熙年间达到顶峰，这已是业界共识。王公贵族们争相购买收藏奢侈品，比如家具、插画书籍和书法作品等。能工巧匠则充分秉承简省的风格，利用最少的材料制作出既功能强大又赏心悦目的家具作品。不过，如此干净的线条需要一定的规则来保驾护航，这一时期的家具工匠们都严格遵守有关比例和尺寸设计的规则。这些规则被一一记录在《鲁班经》里。这本书其实是一本业务手册，成书于15世纪，是由三位负责为宫廷招募工匠的政府官员编写的。有学者以为，这本书像菜谱一样，按照它的讲解就能做出家具，但是并非如此。柯律格（Craig Clunas）教授认为，这本书不是建筑图纸，而是制作家具所需具备的理念和规则。柯律格教授还提到，不同时期的工匠都有自己的行会组织，像成立于19世纪中期的鲁班木匠行会便是其中之

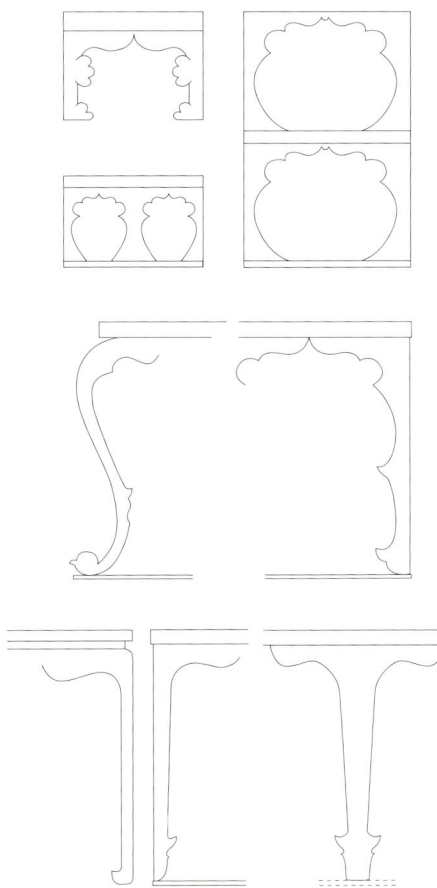

图18

图19

图20

约15世纪的桌案，传统样式，腿足间有落地枨相连，来自山西省。这种权杖形腿足造型始于宋朝。到了明末，随着细木工技术水平的提高，腿足间不再使用长长的枨子相连。桌面的接合允午边角内收，这样的设计增加了美感。这件桌案使用槐木制成，是软木作品的典范，能够保存至今与其密度较高有很大关系。照片由马可乐提供。

图21

柞木（中国橡木）画案，来自山西省。画案周身由横枨加固，腿足略微鼓起，边角内收，与宋元时期的高古几案非常相似。照片由马可乐提供。

图20

图21

图22

一。一些顶级的木匠，例如刚刚从天津可乐马家具公司退休的黄德平先生称，一直以来，他们都是按照曾在鲁班行会里当学徒的祖辈、父辈那里学到的指导思想来制作家具的。

《鲁班经》并未提供完美的制作方案，这本古籍中记载的木工规则具有很强的仪式和宗教色彩。例如，有宜伐木或奠基的黄道吉日，以及能够镇鬼驱邪的特殊祝祷仪式、灵符和咒法。此外，有些数字备受青睐，比如一张几案，一尺六寸（约合1.5尺，即半米左右）宽，这个尺寸代表"洁白无瑕"和"财富"。在这些数字的基础上增加尺寸要特别注意，因为有些增加意味着大吉大利，有些却会招灾惹祸。由于受到这些刻板教条的束缚，木匠们在尺寸选择方面都非常谨慎。

《鲁班经》虽然是一本建筑指南，但是书中大约1/3的篇幅都在讲家具设计。用于建造厅堂房舍的技术经过改进和完善，转变为制作桌椅角度件、曲面件和接合件的技艺，甚至房屋隔墙和栏杆上的装饰图案也被用于桌案牙头和椅子靠背的制作。《鲁班经》的起源尚不得而知，有学者推测，其中家具部分的内容可能是由某个大型木工坊的工长师傅提供的，他应该保存有一份详细的家具尺寸清单。大型木工坊的存在或许可以解释，为什么当时家具的比例几乎完全相同，以及标准化程度如此之深。

当时的生产中心在北京，那里有众多的宫廷作坊。广东省和江南地区（包括现在的浙江省、江苏省和上海）也是重要的家具产地，尤其是广州和苏州两地。自古以来，苏州一直被视为文化之城。早在6世纪初期，苏州便因贸易和丝绸加工而繁盛起来，并在明末清初发展到了顶峰。虽说有京杭大运河与京城相连，但毕竟山高水远，受到的政治影响较少，比较开放和包容。许多朝廷官员和文人雅士均在此购置庭院，以供将来颐养天年。

虽说每个地区偏爱的风格不同，但工匠之间也存在着广泛的相互借鉴，这也说明明代家具的尺寸和风格已经系统化。这一现象要归功于明初实施的严格征税制度。当时皇帝谕令工匠们须定期提供服务以代替徭役，具体要求是：京城的工匠每个月要在皇家工坊里劳作10天，京城以外地区的工匠每3年须劳役3个月。到15世纪中叶，这种严苛的劳役形式有所缓解，工匠们可以直接缴纳相应的税赋，不用再服劳役。

这些地区的工匠同宫廷作坊一直保持着联系，即便在清朝建立后依然如此。例如，在清乾隆年间，广州开设了一家皇家附属作坊，以便为皇室制作南方风格的家具。

几个世纪以来，家具的风格在不断演化。从16世纪时强劲有力的低矮马蹄足，到19世纪的高型方足；明代早期的壶门式曲线牙子逐渐被更为平直的牙子所取代；诸如龙之类的吉祥图案逐渐变得更加修长、厚重，不再如从前那般栩栩如生（图23~27）。

最为剧烈的风格变化发生在清朝中期。乾隆对华丽雕刻的极致追求，使这种审美风格从京城的宫廷作坊一路蔓延至京外的其他地区（图28）。柯惕思指出，乾隆追求华丽装饰的品位并未带来清朝家具风格的革命，只是为传统风格增加了新的变化。

不过，300年后，清朝统治者给家具风格带来的变化被西方藏家视为一种退步。他们认为，明朝帝王所崇尚的线条的自然流动不该被清朝表面化的装饰所取代。过于繁复的雕刻图案，比如龙、麒麟和蝙蝠等，反而破坏了家具的整体设计和美感（图29~31）。此外，家具变得越来越重，牙板变得更大，曲线变

图23

化过快，不再自然流畅，椅类坐具的靠背板也变得趋于直立（舒适性下降）。这股来自京城的新审美风潮也影响到了广州和苏州的木工坊（图32），只有在那些较为偏僻贫穷的地区，比如山西省，

图24

图25

图26

图27

图24

18世纪榉木制成的四面平炕几，涂有朱漆，内翻马蹄足粗壮有力，为典型的明式风格家具。照片庄陈鉴泉提供。

图25

清代木匠设计的、更为高挑方正的腿足。

图26

约17世纪的经典四面平条桌或琴桌，来自山西省。腿足末端倒如意造型多见于明代的绘画作品，在家具中并不常见。桌子的框架部分由槐木制成，面板由梧桐木制成。梧桐木通常是用于制作乐器的，所以这张条桌很可能是供演奏音乐时放置乐器之用，故还可称之为"琴桌"。照片由马可乐提供。

图27

这张罗锅枨条桌是晚明风格家具的典型代表，其低矮的马蹄足和扁平的牙条给人一种力量感。照片由香港明清家具藏家王就稳先生提供。

图28

来自山西省的榆木方角柜。门扇上为装饰性栅板，其铜钱样式的格子设计是18世纪中晚期的典型样式。大水平面板上刻有云蝠纹浮雕；最下面的挡板上刻有双龙图案和一个"寿"字。照片由马可乐提供。

图29

19世纪带有蝙蝠等动物图案的樟木窗格，来自湖北省。照片由蒋霭玲女士提供。

图30

雕刻细节展示。照片由黑国强先生提供。

图28

图29

图30

传统的家具风格才能保留并流传下来（图33）。

清代宫廷作坊里的木匠都是技术大师。他们没有止步于制作简单的榫卯，而是醉心于制作复杂的木工接合件，比如双肩斜接交叉榫等。香港陈胜记古董家具店第二代掌门人陈鉴泉先生认为，清式接合件可能不如明式接合件结实稳固，但明显更具创造性。

有些皇帝对于家具的设计样式表现出很强的个人偏好，爱好广泛的乾隆帝便是其中之一。据北京学者田家青讲述，乾隆在家具制作方面参与度非常高，曾明确规定过家具的尺寸和风格样式，尤其是恢复了古玉图案的雕刻（这一时期的玉雕被称为"仿古"），并将其应用到家具装饰上。他还对广式家具情有独钟，这类家具常使用云南大理石制作时尚的镶嵌装饰件。有些家具由于装饰过于华丽而在不经意间失去了原有的功能性（图31）。清式家具更适于摆放在富丽堂皇的场所，而不适用于潜心研究和深思冥想的地方。这也反映出统治阶级内部哲思取向的转变。

1911年，随着清王朝退出历史舞台，不计成本、追求极致艺术的匠人时代也宣告终结。在孙中山流亡海外、日本侵华以及第二次世界大战等一系列历史事件引起的政局动荡中，工匠们备受压抑，才华无从发挥，仅有少许富含创意的设计问世。上海的装饰艺术氛围尚可，而广东的作坊却在大量制造出口家具（图34）。

此后，由于中式家具的手工艺质量不断下降，国际上对于经典中式家具的兴趣与日俱增。20世纪30至40年代，居住在北京的西方人，由于深受包豪斯风格的影响，开始研究和收藏经典明式家具。其中最具影响力的莫过于古斯塔夫·艾克（Gustav Ecke）。1923年，他受聘于福建厦门大学，担任欧洲哲学课程的教授。在收藏家邓以蛰先生的影响下，艾克自己也燃起了家具收藏的热情，并于1930年离开北京赴辅仁女校任教后，正式走上了收藏之路。艾克将目光投向了明代黄花梨硬木家具，比

图31

图32

图33

图31
18世纪的紫檀炕桌，来自华北地区。清朝中期的宫廷样式，有无角螭龙和回纹马蹄腿，其上的浮雕纹饰为仿古玉纹饰。照片由尚彼得（Peter Chan）提供。

图32
18世纪的紫檀画案，典型的乾隆时期风格，雕刻有龙形图案和长寿纹样。可能是在京城的某个作坊制作的，但是出自广东的木匠之手。作品保存完好，由此可见一直是由一位家境殷实的收藏家或者王侯贵族所保有。照片由黑国强提供。

图33
经典的罗锅枨夹头榫条桌，腿足间装有双枨用以加固，可能来自山西省。学者陈增弼的藏品。

图34
来自上海的红木椅，其灵感来自奥地利设计师迈克尔·索耐特（Michael Thonet）的经典小酒馆椅。这些椅子显然是仿制欧洲的样式。蒋汉娜（Hannah Chiang）的藏品。

经典明式家具以及众多清代早期的出口家具。

20世纪40年代，艾克在著名学者杨耀的协助下，将自己的部分藏品拆解，并进行了精确的测量和绘图，发表了一篇名为《中国花梨家具图考》（*Chinese Domestic Furniture in Photographs and Measured Drawings*）的论文。"文革"期间，这些图纸被藏在杨耀的学生陈增弼的床下得以保存下来。这篇论文，加之艾克十几年的研究成果最终结集成书（书名亦是《中国花梨家具图考》）。这是"全世界第一本研究明式家具的系统专著"，如今仍是鉴别明式家具的重要参考。

在1949年中华人民共和国成立之前，许多外国人所拥有的藏品都被悄然运送出国。不过，古斯塔夫·艾克没那么"幸运"，"学校只付给我们一年的薪水，然后让我们自谋生路，"他的夫人曾女士说道，"我们没有办法把所有物品都打包寄走。"45箱书籍是他们最为珍视的。"这些书足够组建一家最棒的中国艺术图书馆了。"书籍都被打包寄走后，便没有足够的资金来寄运家具了。

如四柱天蓬床、高脚闷户橱（他的夫人在世时的永久藏品之一）等。当时，收藏明式家具的人并不多，有的学者即使偶尔得到几件，也没有兴趣去研究它们。他和朋友劳伦斯·西克曼（Laurence Sickman）四处寻宝，搜罗品相俱佳之作。艾克与其夫人曾佑和（Tseng Yuhe）（画家、艺术史学家）曾一度拥有30余件

他们不得不把家具藏品分开寄存：1/3寄放在英国大使馆，1/3寄放在美国大使馆，还有1/3寄放在学者杨耀那里。

1949年，艾克夫妇定居夏威夷，艾克在那里教授亚洲艺术。有一天，他收到了一封前英国驻中国大使馆工作人员莱昂内尔·兰姆（Lionel Lamb）的来信。信中说艾克留下的家具还在英国大使馆内，如果他们夫妇同意将其卖给他，他可以自费运出。后来，艾克从莱昂内尔·兰姆那里买回9件家具，并从瑞士寄回，之后又找回2件，但是他留在中国的大部分藏品都被偷走了，最终通过不同的渠道流入世界各地的博物馆和藏家手中。"如果我是个贪心的人，我可以径直走过去告诉他们，那些都是我的。"曾女士说道。

而与艾克同期在中国生活的外籍学者，比如劳伦斯·西克曼（他为堪萨斯城的尼尔森－艾金斯艺术博物馆搜集藏品）和乔治·凯茨（George Kates），他们的藏品大部分都成功运出了。凯茨的藏品，一部分捐给了布鲁克林博物馆，余下的在1955年全部售出。

改革开放之前，由于中国大陆相对封闭，"主流观点一般认为，除了当时旅居中国的外籍侨民运送到国外的古董家具，中国大陆地区几乎'片瓦无存'。"收藏家罗伯特·毕格史如是说。但他很快发现，事实并非如此。在20世纪80年代之前，由于只有小件文玩出现在海外，因此很多外国人产生了错觉。有个现象让毕格史备感疑惑，"当时有件怪事，用黄花梨制作的笔筒随处可见，但却买不到大件的黄花梨家具。"答案其实很简单：尽管北京的许多老字号古董店——荣兴巷、云宝斋、鲁班馆等处于关闭状态，国营的古董店也销量甚微，但中国大陆仍保留了大量的古董家具，只是运输起来非常困难。1951年到1971年期间，中国政府停止发放出口许可证，即便后来古董家具贸易有所恢复，大范围的家具运输仍然困难重重。因此，有些家具，比如马蹄形靠背

图34

圈椅，在1980年之前没有出现在任何大型机构的收藏品目录上。不过，随着改革开放政策的推行，加之北京当地学者王世襄等人的努力，这一状况逐步改观。对外贸易的恢复犹如推倒了多米诺骨牌，许多私人藏品如洪水般涌出——先是铁力木明式家具，紧随其后的是黄花梨家具。随着改革开放的全面推进，"香港成了古董家具的汇聚之地，为收藏家提供了许多机会。"罗伯特·毕格史说道。首批出现在香港知名古董商业街——"猫街"上的藏品是来自中国南方的铁力木古董家具（图35）。他回忆说，1982年他曾花费8000港币购入一张铁力木条桌。让他备感惊喜和意外的是，随后，精美的黄花梨和紫檀家具也现身"猫街"（图36）。

起初，只有少数古董贸易商和收藏家知晓这些家具的价值。但是，随着王世襄的开创性著作《明式家具珍赏》于1985年出版，市场受到了进一步的刺激。这本著作，加之王世襄先生的个人藏品，让人们意识到中国古董家具的艺术价值，这本书也被视为终极的参考指南。

在这之后出现的首批买家都是从国营的藏馆机构选购家具。1972年，香港的黑洪禄先生来到内地寻找商机，但直到1976年才涉足古董家具领域。在接下来的10年中，他主要从两大公司购进清式家具：位于北京的北京工艺美术品进出口公司和中国工艺品进出口总公司。

20世纪80年代初期，蒋汉娜及其母亲开始从广州的旧货家具店购买古董家具，比如由国家文物局授权经营的荣华古董店。蒋汉娜一边从这些古董店里购买家具，一边支付一定的服务费，通过广东的国营古董店取得出口许可证。最初，她购买的都是黑檀木家具，因为店里没有其他木料的家具。后来，这些古董店从"倒爷"那里收购古董家具，种类逐渐丰富起来。所谓的"倒爷"其实就是中间商，他们会深入偏远地区的乡下，从那里廉价收购古董家具，然后以较高的价格卖给古董店，赚取差价（图37）。于是，蒋汉娜绕过古董店，与"倒爷"直接交易，从而通过他们采购私宅和私人藏品中的其他类别的家具。她惊喜地发现，在中国的一些偏远地区，比如山西省，不仅保存着清代家具，还有一些年代更早的明代家具。

图35

图35
长期以来，香港的荷李活道和"猫街"一直以古董贸易闻名遐迩。这张照片拍摄于20世纪初期，直到现在，香港中环这条狭窄的街道两旁依然林立着各类古董店铺。照片由香港历史博物馆提供。

图36
17世纪早期的黄花梨夹头榫琴桌，有简单古朴的牙条，牙头处刻有卷云纹。这件琴桌曾是毕格史夫妇的藏品，于1992年在纽约佳士得拍出。照片由罗伯特·毕格史提供。

图37
范荣的仓库，位于北京南三环的古董家具市场附近。范荣本人是一名"倒爷"，主要从山西搜寻古家具货源。

到了1986年，家具贸易的大门彻底打开，来自香港的其他古董贸易商也加入进来，马可乐先生便是其中之一，他也很快组建了自己的"倒爷"队伍。蒋汉娜和马可乐这样的古董商处于收购藏品的第一梯队，同卖家直接进行交易。第二梯队是来自香港的古董商，比如伍嘉恩女士和陈鉴泉先生，以及陈鉴泉的妹妹陈鲁比（Ruby Chan）。这些一线古董商与高端藏家之间一直保持着密切的合作关系。洪王家琪（Mimi Hung）女士和冈戈尔夫·盖斯（Gangolf Geis）大部分的黄花梨藏品都是通过陈鉴泉购入的，而叶承耀医生的藏品几乎都是从伍嘉恩手中买入的。香港收藏家冯耀辉对紫檀家具情有独钟，经常从王就稳的店里购买。王就稳先生原是家具修复师，现在香港埃尔金街经营一家古董店。

古董商与藏家之间的关系很重要，他们之间结成联盟才能保证收藏的连贯性。审美取向的一致和共同的利益关系，使古董商与藏家能够唇齿相依。当市场对藏品的出处、年代或修复技术提出质疑时，他们会团结起来，一致对外。由于家具所属的确切年代很难考证，许多家具来源不明，因此市场上关于这方面的争议很多，这时收藏家一般会站在古董商的一边给予支持。

尽管如此，中国古董家具的热度还是在稳步上升。1996年在纽约佳士得举办的一场中国古董家具拍卖会，让所有认为中国古董家具的价格无法超越瓷器或玉器的顾虑烟消云散。美国加州中国古董家具博物馆位于加利福尼亚州的复兴酒庄内，隶属于宗教团体"老友记"（The Fellowship of Friends），于20世纪80年代晚期才开始涉足中式古董家具的收藏。在这次拍卖会上，其馆藏的107件中国明清古董家具全部上拍，净成交总额高达1120万美元，创下了当时中国艺术藏品单一类别的成交价最高纪录。

现如今，精品硬木家具仍被如饥似渴的买家视为抢购对象，不过许多古董店已经开始供应软木古董家具了。目前市面上的这类家具大部分来自宁波或者山西省。明清时期，山西省富甲一方。晋商们建造了大批庭院豪宅，因此家具的需求量惊人。在1937年日本侵入山西之前，山西省西南部的家具作坊一直蓬勃发展。在众多山脉（比如东部的太行山脉）的阻隔和保护之下，山西省的战事和受破坏程度远远小于南部沿海地区，因此许多宅院保存完好。在后来的经济困难时期，山西省同样由于煤炭储量充足，不用像其他省份那样需要拆解家具充当柴火而挽救了大量古董家具。

当今市面上出售的许多家具都经过了大幅度的改造和重制。整个华南地区，大量家具工厂批量生产全新的或翻新的家具和家具部件，然后以假乱真，将其作为古董家具推向市场。由于国际市场对中国古董家具的兴趣和关注不断攀升，以及中国市场上真正的古董家具日益稀少，更加剧了仿品和假货的横行。

不过，凡事都有好的一面。来自中国的家具大量涌入美国市场，虽然大部分都是海外客户定制的西式风格的家具，但越来越多的家具制造商开始采用传统的中式设计。由于市场上的传统古董家具几近绝迹，买家变得越来越理智，很多古董家具商也开始寻求新的出路。他们开始采用中国古董家具的元素来设计现代家具，这类家具被称为"新明式"。有几位知名的设计师，例如香港的何周礼（Barrie Ho）和台湾的陈仁毅，从中国古董家具中汲取灵感，为高端客户设计现代明式家具。于是，中式家具兜兜转转，历经曲折，终于回到了正常的轨道。

晋作家具

晋作家具的发展代表了家具发展的另一个分支。由于晋作家具受到外界潮流的影响很小，演变非常缓慢，因此较好地保留了古董家具的风貌，雕刻样式简洁，且多为花卉纹样。从山西岩山寺（始建于唐朝）的壁画上以及在大同附近出土的南北朝缩微家具模型（450年）中可以看到柜子、几案、低矮卧榻等，这些造型的家具至今仍在使用。由此可见，在这一地区，家具的变化微乎其微。

图36

图37

19

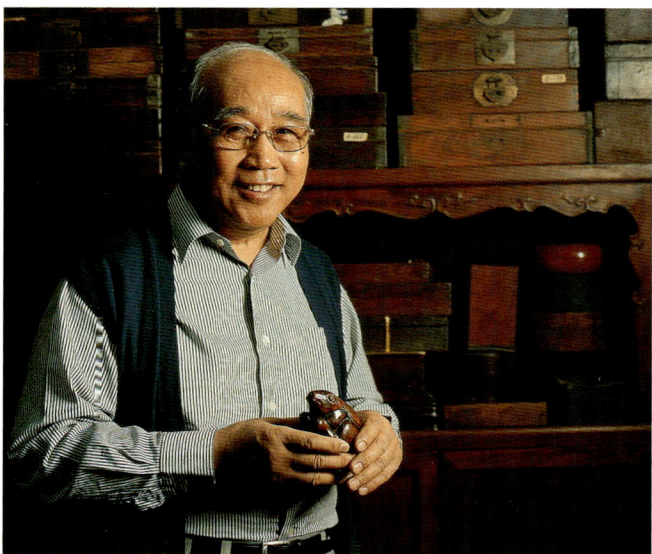

黑洪禄

"我的祖父和父亲都是玉器古董商人。1949年我去了香港，帮助舅舅打理生意。我舅舅有家古董店，从1948年开始专门为来到香港的美国古董商提供货源。

"起初，运出家具还是比较容易的。我们会从北京购入家具，然后运送到香港。后来形势发生了变化，古董家具贸易受到了管控。于是，我们开始从初来香港的内地人那里收购古董家具和其他古董。因此，很长一段时间内，我们的家具货源都很稳定。那时，还没有人关注软木古董家具，大家都在盯着清乾隆时期及之前的硬木古董家具和古董。炕桌类的家具很受欢迎，因为它可以当成咖啡桌来使用，也因此出现了把高型桌案类家具的桌腿截短做成炕桌的现象。我曾亲眼见到，木匠按照前德国驻中国总领事的要求，将一张精美条桌的四条桌腿截短做成了咖啡桌。

"1970年，我终于有了自己的店。最初，我只卖一些小物件，盒子、笔筒、玉坠等，都是香港本地货源。1973年到1979年期间，我去了欧洲和美国寻宝。20世纪70年代中期，我开始在北京买入小的木质文玩。1976年，我到北京工艺品进出口公司和中国工艺品进出口总公司洽谈业务。这两家机构都是国营性质的大公司。它们的大型仓库里堆满了古董家具。于是，我在香港购置了一间仓库，从此专注于做古董家具生意。我还参加了当年由香港工艺美术商会举办的北京展销博览会。当时，内地急需外汇，而我急需进货。所以，在那次交易会上，我用10万美元一次性购入了四五十件家具，其中包含几件老花梨古董顶箱柜。这在其他香港古董商眼中有些'疯狂'。当时几乎没有人关注中式古董家具。而我对家具珍品有一定的了解，有信心把它们卖出去，我还通过鲍勃·埃尔斯沃思（Bob Ellsworth），在美国市场建立了自己的销售渠道。从那时开始，一直到20世纪80年代中期，我不断从北京工艺品进出口公司买入家具。那里有不少精品，但是没有明代早期的家具。古董商并不总是非常了解商品的真正价值。我曾于20世纪70年代晚期以不到500美元的价格买入了一个明代铁力木柜。那时我开始大量囤货，因为中国的改革开放才刚刚起步，随着改革的深入，会有越来越多的商人加入这个行业，竞争会越来越激烈，而流传下来的中式古董家具毕竟数量有限，因此这将是一场残酷的竞赛，我必须提前做好准备。

"于是，我开始从广东当地的古董商手中进货，他们都有自己的'倒爷'队伍。1985年，中国市场刚对外开放时，政府对于古董家具类的交易还不是很关注。而现在，当初买进的那些家具的价格都翻了百倍以上。"

马可乐

马可乐出生于古董世家，他的祖父和父亲都是古董商。1949年，他的祖父和父亲去了香港，把他留在了内地。1966—1976年这段时间，这个留在天津的少年无事可做。"因为还是学生，所以不能出去工作。"他回忆说。他只好整天待在家里，拉小提琴来消磨时光。而他的父亲此时已在香港再婚，并成立了北京唐中商贸有限公司，销售各类古董，但最主要的还是古董家具。1979年改革开放后，他终于来到香港，开始寻找"新机遇"。那时他已经31岁，对古董知之甚少。"起初，我给父亲打工，不过我知道，我需要学习更多的东西。"他没有在家族企业上班，而是跟随在香港经营古董生意的澳大利亚古董商伊恩·麦克莱恩（Ian McLean），一边当助手，一边学习。这位经验丰富的古董商传授给他俩项技能：如何修复和修补高档古董家具以及如何判定软木家具的价值。4年后，他在香港开设了自己的店。

"开始的时候，我父亲不看好我，认为我干这一行肯定不行。"马可乐说。不过，他剑走偏锋，在家乡天津建立了一家工厂。在20世纪80年代，没有几个香港人会这样做。近水楼台，方便他频繁出入北京搜寻古董货源。在北京北郊某处，他偶然结识了几个来自山西的家具经销商，也就是"倒爷"。这些穷人本身对家具一无所知，只知道在他们村里有许多家具，而他们可以牵线搭桥，把家具从山西运出来，卖给古董店主，从中获得一定的报酬。在近乎与世隔绝的几个世纪里，曾经富甲一方的山西省流传下来为数众多的精美的古董硬木家具和软木家具，其中一些甚至可以追溯到宋代。

马可乐迅速与其中一位名叫范荣的"倒爷"商定了报酬数额，建立了合作关系。他给马可乐提供了优质且充足的货源，还从山西弄来了几件珍品。马可乐曾以4000元人民币的价格从范荣手中购入一件稀世香案，后来其市价很快暴涨至4万美元。1999年，马可乐与柯惕思共同撰写出版了《山西软木家具》。此书一经出版，便确立了他"中国晋作家具第一人"的美誉。

范荣

　　30多年前，范荣还在一家炼铁厂当工人。有一次去北京，他发现市场上有人在以不可思议的价格贩卖旧家具。他认为，山西的家具比这里的商品成色要好得多。于是他辞掉工作，靠着原有的积蓄，开始在山西省的乡下挨家挨户收购旧家具。大家都问他，"你买这么多废品干什么？"范荣没有如实相告，但他廉价购入的那些黄花梨家具如今已身价不菲。"那时，这些家具又便宜又容易收集。"他说。学者王世襄编著的书籍是他在收购旧家具时的唯一参考指南。"大概过了3年，其他人才明白过来是怎么回事儿。"

　　范荣和他哥哥范孔是山西南部地区最早的古董家具"倒爷"。第一次收购时，范孔骑着自行车到离家几公里外的村子去收了一张桌案，花了400多元人民币，然后以两倍的价格转手卖掉。这个数额是范孔之前从未见过的。在这一次盈利之后，范氏兄弟越做越大，招募并组建了近百人的从事收购和转卖古董家具的生意。他们当中暴富的人都在村里盖起了小楼，还给村里修了路。

　　最近的一次，范荣到巩村的赵海林家串门，发现他朝思暮想了好几年的一对老式几案不见了。赵女士是他的老主顾了，因为她的两个女儿要上学，需要学费，她才卖掉了那对几案。对于范荣来说，与这对几案失之交臂是市场萎缩的另一个证据。"现在狼多肉少了。"他说。现如今，电视节目和报纸杂志会定期报道古董家具的拍卖和交易信息，这对于"倒爷"来讲无异于雪上加霜。随着村民们对这个行业的了解程度不断加深，他们不再满足于一张上好的几案只拿几千块钱了。"我刚开始做这行的时候，他们还不知道古董家具这么值钱，所以收购还是很容易的，"范荣说道，"这么多年以来，我们对收购价一直是保密的，只有我和卖家知道，概不外传。"

　　随着省内收购难度的不断增加，疯狂的山西"倒爷"们开始把目光放远，到中国其他偏远乡村去搜寻，以便找到新的货源。价格没得谈拢、交易泡汤，让"倒爷"备感挫败。不过，还是可以淘到宝的。"如果你尽力周旋，且卖家心情不错，最终还是能成交的。"

陈增弼

　　北京学者陈增弼至今仍清楚地记得他买入第一件古董家具的那天。那是1972年的夏天，他按照每周的惯例，到文物收购点去"抢救性拾遗"。陈增弼毕业于清华大学建筑系，而传统家具是他的个人爱好和热情所在。当时古董家具都被贴上了"资风"的标签，很多精美的家具被无情地砸毁，然后扔进国家文物局的仓库里，对木料进行回收利用。陈增弼经常到这些文物收购点，围着成堆的残木片说"再见"。这看起来可能有些奇怪，但是对一名真心喜爱古董家具的年轻人来说，这是他表达痛惜和无奈的一种方式。那天，当他像往常一样围着成堆的残损木料告别时，突然注意到有一小段圆形桌腿从面前的"小山堆"里伸了出来。他抽出来后发现，这是一张方桌的桌腿，而让人难以置信的是，它的材质竟是非常罕见的黑檀木。压制住内心的狂喜，征得看守人员的同意后，他在小山堆里继续搜寻这张桌子的其他部分。从早上9点到下午2点，他把这堆废木料翻了一遍。当他终于把整张桌子的部件找齐时，他激动得浑身颤抖。这是一张无比珍贵的明朝桌案，不过他担心他可能买不起。当时这些木料都是按斤称重出售的，他找出的这些木料很重，大概需要80元，而他一个月的工资才56元。他没有足够的钱可以买下这堆宝贝，只得跑去找家人和朋友借钱。他小心翼翼地把木料放在三轮车上，盖上毯子，然后骑回家。刚一到家，他便迫不及待地组装桌子。他的心狂跳不止，内心的激动无法用语言形容，同时又惊恐万分。毕竟那个时候，拥有一件这样的古董家具是非常危险的。他忍不住将其展示给了自己的恩师杨耀教授。这位知名的古董家具学者看到后备受震撼，赞不绝口，说他之前从未见过如此上乘的作品。他们带着这件珍品一起拜访了北京著名的匠师李建远。"他见到这件家具时的反应跟我的老师杨教授一样，都很吃惊。"陈增弼说道。分享完宝藏后，陈增弼又将其拆解，并将木料藏于床下，直到形势好转后才将其取出并复原。有了那一次的勇敢初探之后，他后来又陆续实施了几次"抢救性拾遗"行动。陈增弼现在拥有数百件藏品，并准备出版一本关于中国古董家具的专著。

第3章
中式家具的分类

　　如果一件艺术品作者不详，创作日期也无从考证，该如何对其进行分类？这便是中式家具的研究者所面临的难题。自古以来，家具作坊中的工匠都是默默劳作，姓甚名谁很少有人提及，随着工匠的制作风格日益突出，并将其融入家具中，家具的分类成了一个棘手的问题（图38）。

　　惯用的一种分类方法是按照功能来划分，有九种基础类别：椅、桌、床、柜、凳、屏、器皿、支架以及文房用品。另一种方法是按照品相来分级，但往往因过于主观而备受诟病。举个例子，如果评级标准是基于雕刻质量或者工艺水平，那么清代装饰繁复的家具肯定会名列前茅。但有些藏家，尤其是西方的藏家，较为偏爱简省风格的家具以及有建筑美学雕塑风格的家具，所以对雕刻精美的家具兴趣不大。由此可见，简单的评级标准是行不通的（图39）。

图38（第22页）
17或18世纪的黄花梨旅行药箱，其下是一张17世纪的黄花梨罗锅枨桌，瘿木桌面，带有镶嵌装饰。桌下是几件扶手和支架类家具。来自新加坡的私人藏品。

图39（右）
有些人眼中的常见之物，在另一些人眼中却是珍品。这组家具来自古董商马可乐位于天津的家中。

进而，学者们尝试了一种更具实证性的家具分类方法。据来自北京的学者田家青介绍，家具评级必须遵循几项原则，包括家具的风格样式、稀有性、选材、年份、工艺水平、保存状况以及修复质量等。

风格样式

风格是一个难以把握的衡量标准，因人而异。有些人视若珍宝的东西在别人眼中可能庸俗不堪。不过，主流的收藏家都一致认为，评估家具最重要的标准是空间平衡，也就是比例。《鲁班经》里称之为"阴阳协调"：由腿足、牙条、枨子和面板衔接形成的曲线，其动感和韵律要与这些部件所囊括的静谧而开放的空间达到平衡状态。一件家具是修长雅致的，还是低矮厚重的，这个比例的拿捏在其价值评判中是一个决定性的要素。

我们对某些比例的美感认同，是完全出于主观臆测，还是我们的基因中对某些空间关系具有与生俱来的偏爱呢？建筑学的"黄金分割理论"表明，人的直觉感知与合理的数学比例之间存在着密切的关系，了解和掌握这些比例关系对于欣赏艺术与自然之美至关重要。经过计算，黄金比例的数值是0.618。因此，如果存在一个通用审美系统的话，那么，一张35英寸（约90厘米）高的普通桌子，与之匹配的长度应为57英寸（约145厘米）——这与许多精美的明式几案的比例不谋而合。当然，审美的量化要复杂得多，还要同时考虑接合类型、牙头和牙条的造型以及木料的质地等因素。不过，这确实在一定程度上解释了，为什么明式家具简洁明快的曲线比清朝厚重繁缛的装饰设计更受青睐。

选材

一件家具所使用的木料对于家具的价值评估同样会产生极大的影响。最好的木材是硬木，诸如黄花梨、紫檀和鸡翅木等，它们大多是从国外进口的，受到收藏家的格外喜爱。次好的木材是一些国产软木，诸如柏木、榆木、楠木、核桃木、槐木、樟木和桃木等。

用于制作中式家具的重要的硬木和软木至少有35种。看似可以简单地对其进行分类，实则不然。因制作家具而过度砍伐，许多树种已然绝迹，这些树种的科学命名或植物学命名也变得

图40

模棱两可。（据说，故宫藏书馆里曾保存有一份关于各种木材的详尽记录和样本，但在日本侵华期间全都佚失。）因此，中式家具使用的木材仍然按照代代流传下来的老名字进行区分，这些名字是基于木材的气味强弱、颜色差别和纹理样式而定的。一方面，如果不同属种的树木表现出类似的特征（比如气味和纹理），那么它们很可能会被归于一类。另一方面，即便是来自同一棵树的木材，销售的名称也可能不同，具体取决于砍伐时切口的情况（见第26~27页"木材种类"）。

对木材的喜好同样会随着时间的流逝而改变。乾隆皇帝对紫檀青睐有加，但由于过度采伐，到乾隆末年时，紫檀木的产量已大为减少，不得不通过回收老旧的紫檀家具提供部分木材，到了清末，则只能用紫檀木木皮来装饰家具表面（图40）。最初，西方收藏家对紫檀木细密的紫色纹理并不是很喜欢，他们更喜欢黄花梨那样具有特色纹理和柔和色泽的硬木，所以几乎只收藏黄花梨家具。不过，紫檀木也有扬眉吐气的时候。2003年7月，香港佳士得拍卖行拍出了一套紫檀屏风，价格刷新了历史纪录（图366）。

黄花梨和紫檀木的价值是否被高估了？至少像马可乐这样的古董商是这样认为的。"黄花梨并不能代表一切，"他说道，"一件家具的历史底蕴和工艺水平比材质更重要。"如果你只对黄花梨家具感兴趣，那么会错失许多真正了解中式家具的良机。

虽然现在硬木类家具很受关注和欢迎，但在明朝，硬木和软木之间并不存在现在的这种分级体系。最早的一篇关于家具制作的文章并未对它们加以区分，而是将大部分的木材都归于"杂木"类。涉及家具制作时只提到了两种软木——楠木和樟木。早期的工匠在制作家具时经常混搭使用各种木材，比如用榆木或槐木制作坚固的框架，而把纹理细腻精美的木料用作装饰面板（图41）。

图41

图40
18世纪的紫檀及楠木瘿方凳，腿足和牙条处雕刻有清晰的卷云纹图案，产自江南地区。据柯惕思介绍，如果将牙条和腿足上端的雕刻图案连起来看，其形状类似青铜器中的饕餮兽纹。此类紫檀木家具在18世纪非常流行。

图41
"承志堂"内通往厢房的八扇门中的一组，其上绘有八仙图。"承志堂"是清末盐商汪定贵的私宅，位于安徽省黟县宏村，始建于1855年。同其他清代徽州风格的宅邸一样，朴素的外观很难让人联想到，其内部竟有许多精雕细刻的硬木家具。

木材种类

中国本土的树种中大约有几十种可以用来制作家具，不过常用的只有15种左右。地域性与家具选材通常是密不可分的。例如，内蒙古的炕桌通常都是用松木制作的，在四川省，高档家具通常都是用红豆木制作的，而山西产的家具很多是用胡桃木制作的。现在的收藏家醉心收藏的名贵硬木家具，其木材基本都是从泰国和越南进口的。中式家具使用的木材品种很难辨识，部分原因在于木材是通过视觉手段来分类的，缺乏植物学分类上的一致性。比如"黄花梨"，其来源可能是不同的树种。

图42

图42
这块刺槐木样本纹理较深，可据此判断这件家具所属的年代。

柏木（柏木属），或雪松木，芳香浓郁，干燥缓慢，耐腐蚀、耐虫蛀。宋朝时期被归于"杂软木"一类。中国境内有多个柏木品种，比如四川的垂柏，直径可达2米，其木材备受推崇。

樟木，其木材颜色从淡黄色到黄褐色。由于易于磨损，所以并不是制作家具的主流选择，但因其气味独特，具有防虫效果，所以常用于制作储物箱。

黑檀木，这是一种质地细密、比重很大、几乎全黑的木材，取自树木的心材。黑檀木的心材和边材差别非常明显，前者是黑色的而后者是白色至浅红褐色的。由于黑檀木木质坚硬，通常只用于制作刀柄和橱柜的细节部件。

核桃木，外观上与楠木有些相似，但从质地上来讲，它的纹理更为粗大。核桃木通常产自山西省，多用于做工精细的家具。核桃木有多个品种，真核桃木，产自华北，为红褐色，带有深色条纹图案；胡桃楸，产自东北，密度较低，颜色较浅。

红酸枝木，或者黑木，与紫檀木类似，但没有紫檀木的光泽和不同寻常的纹理。虽说大部分来自南方的深色清式家具都是红酸枝木制作的，但却没有关于红酸枝木的早期信息。有些红酸枝木品种看起来与黄花梨木几乎没有差别。

槐木或刺槐木，与榆木很相似，但纹理更密集，其木质坚硬，耐潮防虫，纹理均匀，干燥时易出现较大的裂缝（图42）。

花木或树瘤木（也称为"瘿木"），不是专指某一种木材，而是用以描述从树干或树枝上长出的瘤状物，其纹理独具特色，形成环形卷曲图案。樟木、榆木和楠木等树种易形成瘿木。楠木瘿常用于制作家具，但由于其收缩幅度不可预测，只能制作桌面或柜门，而不能用于制作主要的框架结构。

黄花梨木，被称为硬木之王。1572年之前，大多数家具都是用中国本土的软木制作的。随着1572年对外贸易政策的修订，东南亚的名贵木材得以进入中国，硬木家具的时代随之开启。现存的大部分明代及清早期的家具都是用黄花梨木制作的，而清中期之后，这种木材就很少了。黄花梨木因其色泽（蜜色至紫褐色）和独特的纹理（形似山川）而备受青睐，且木料密度较高，木质坚实，工匠们可以用其制作复杂而坚固的接合件和精美的雕刻。黄花梨，黄檀属，原产中国海南和越南北部地区，是一种热带硬木树种。虽然黄花梨木的使用可以追溯到5世纪，但是直到明中期才开始流行。这种木材最初简称为"花梨"，"黄"这个前缀是20世纪初添加的，用以描述由于老化而逐渐具有淡黄色光泽的老料花梨木。

明清时期，人们对黄花梨木、老花梨木和红酸枝木并没有刻意加以区分，这些不同的名称是现在的贸易商叫起来的。虽说从植物分类学的角度看，老花梨木与黄花梨木并没有差别，但因老花梨木纹理粗糙且小木节较多，现在被认为取自边材或品级较差的树木。红酸枝木，又名黑木，木材呈深褐色，纹理不如黄花梨木清晰有力。在19世纪到20世纪的家具制作中，为了视觉效果上更像紫檀，红酸枝木经常被染成黑色。很多属种的木材因在气味或外观上相近而被冠以同样的名称售卖。正是由于这种混乱，黄花梨木和红酸枝木在国际市场上仅保留了中文名称，而没有拉丁文或英文的标签。

黄杨木，纹理直而均匀，木质紧实细腻，颜色从淡黄褐色、橙色到琥珀色不等。产于中国，因其径级普遍较小，所以通常被用于镶嵌饰材以及桌子部件的制作。

鸡翅木（崖豆属），因其心材的弦切面呈现 V 形的纹理图案，形似鸡翅而得名。颜色多样，木材密度略不如红酸枝木或黄花梨木。海南省和福建省有多个鸡翅木树种。据一位贸易商讲，"红豆"和"相思子"可能是鸡翅木的别称。

榉木（榉属），也叫南榆木，同榆木相比，其密度和强度更大，颜色从深黄色至深棕色不等。榉木是苏州地区十分流行的木材，具有精细的环状多孔结构。

楠木（楠属），木质光滑细腻，呈黄褐色，因其极耐腐蚀而常用来制作橱柜。外观近似核桃木，但质地更软。虽有类似雪松木的刺鼻香气，但二者之间并无分类学上的联系。楠木常用来制作橱柜，这在明代的著作中曾有提及。

杉木，流行于福建地区的木材。纹理直而均匀，颜色从乳白色至浅褐色不等。木材强度稍差，但耐腐蚀性较好。

桃木，颜色从浅灰色至红棕色不等，适合雕刻，常用于制作乐器。

铁力木，木材致密，常与鸡翅木混淆，其灰黑色更深，纹理更粗糙。生长于中国南方，常用于建造房屋和充当柴火，但在中国北方却被视为上好的家具硬木。

榆木（榆属），呈黄棕色，具有类似于橡木的独特波浪纹理。难于干燥，易开裂，耐腐蚀，易于加工。榆属有20多个树种，是北方地区家具制作中最常用的软木木材。最好的榆木树种是日本榆，其直径可达1米。

竹，如今作为木材已不常见，但在宋朝的绘画作品中能够发现许多竹制家具。竹制家具在18世纪末到19世纪初达到顶峰，当时欧美人将目光投向东亚，想在室内设计方面寻找灵感，于是购买了大量的竹制家具。不过，出口家具大胆新奇的设计与宋朝早期家具的经典形制已大相径庭。

紫檀木（紫檀属），纹理细密，颜色从深紫褐色至红褐色不等。在旧时，作坊里一般将紫檀木细分为三类：金星紫檀、鸡血紫檀和牛角紫檀。紫檀木可能原产广东和江西等南方省份，但因过度砍伐已致其绝迹。最初，紫檀木仅用于制作小型的奢侈品，比如围棋的棋子和小型乐器。明永乐年间，郑和下西洋之后，紫檀木被储存起来供皇室之用。明隆庆年间，政府从印度和东南亚进口了大量紫檀木。酷爱紫檀木的乾隆皇帝在位期间，皇宫殿宇内的家具几乎全部是用紫檀木制作的，致使紫檀木用量大增，库存告急。乾隆虽下令囤积，但供货仍持续下降。到了清末，几乎已无货可供。虽归于紫檀属，但至今仍无人知晓如何对其进行分类。现在，人们普遍认为，紫檀木并非来自单一树种，而是几种硬木木材的统称，它们的颜色和纹理也各不相同，其中颜色较深的木材可能来自本土树种。到了清中期，紫檀木家具的色泽更淡了一些。

此外，古董家具的制作还用到了其他一些木材，包括白杨木（常用于制作装饰板、牙条和帐子等部件）、云杉木、松木、柞木和桦木等。

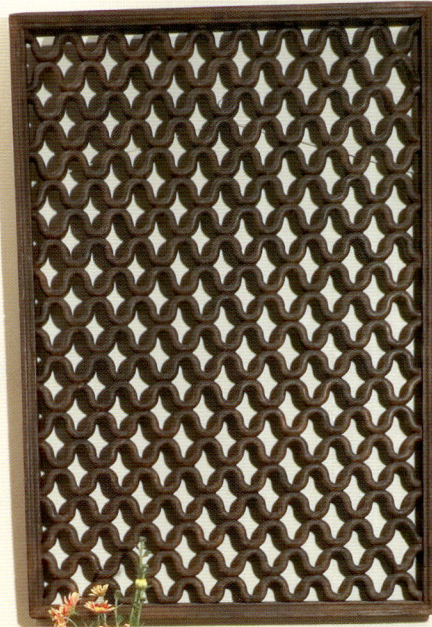

读书卷石堆沧海

下笔微云起春山

稀有性和年份

对于收藏家来讲，入手一件稀有或特别的家具是可遇而不可求的，毕格史夫妇的黄花梨宝座（图566）就是这样的稀世藏品。然而，中式家具的断代问题存在着诸多困难与陷阱，因此学者与古董商之间经常因年代的估算问题而发生冲突，这样的现象在圈内不足为奇。

古董商及资深藏家伍嘉恩女士认为，经典明式家具的断代是一个很棘手的问题。如果一件家具是黄花梨材质、经典明式设计，且也属于那个时期，那么，通常其年代会被判定为明末或清初。"目前，学术界没有给出更加精确的年代划分，明末到清初的两百年被视为经典阶段。在我看来，到底是属于明末还是清初其实无所谓，因为它们都属于同一时期。"

其他木材也有自己的鉴别规则。缺乏明显的时代风格、文献参考不足以及家具制作不具名的传统使得家具的断代成了一种猜谜游戏（图43）。正如古董商蒋汉娜所言："你对这个领域了解得越多，越不好做出判断。"

最理想的状况是，能够像图44中的纪年款柏木和樟木神龛那样，其背板上带有纪念性的文字，可以提供一些关于其制作年代的确切信息。这些文字通常是用毛笔书写，其中包含买入的相关信息，比如买家姓名、购入价格和购入时间等（图45）。有时，家具"铜活儿"中的面叶还可起到加固抽屉拉手的作用，图46中所示的闷户橱上的锁孔护板便属此类。铜钱制成的面叶也能用来判定家具所属的年代。虽说铜钱所属的年代可能要早于家具，但在封建社会，工匠们习惯于使用本朝铜钱来制作面叶。因此，学者有时会将其作为判定一件家具年代的参考物。柯惕思和马可乐曾经研究过

几件闷户橱，发现其上的文字记载和铜钱面叶所属的年代是一致的。

不过，带有确切纪年款的家具少之又少，因此学者们通常是通过木版画或

墓穴中出土的家具实物或微缩家具模型来寻找蛛丝马迹。然而，通过视觉参考来判断家具年代很容易出现问题。虽然从木工手册、绘画作品、书籍甚至墓穴

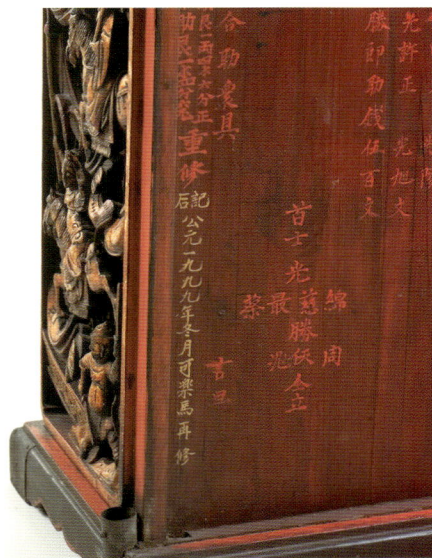

图44

图43（第28页）
一张方形八仙桌和两个圆凳，拍摄于柯惕思上海家中的客厅。

图44
纪年款柏木和樟木神龛，1840年8月制作于福建省。马可乐藏品。

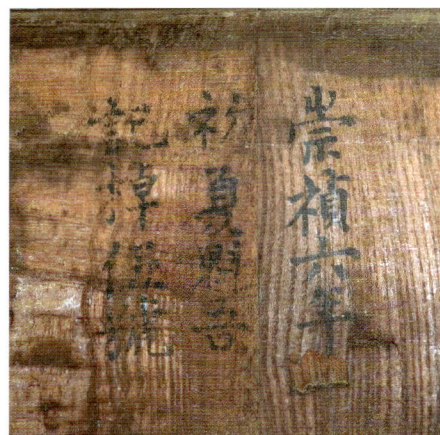

图45

图46

图45

槐木供案，明代"晋式"风格，产自山西。这张供案便于携带，可能用于某些特殊的场合。另一张细节图展示了这张来自山西的槐木供案上的文字，说明它是明崇祯年间的，其断代结果为1633年。供案上有一枚古钱币（未展示），制于明天启年间，在这张槐木供案制作之时，该钱币已然在市场流通。照片由马可乐提供。

图46

这个闷户橱是典型的地方雕刻风格，花卉背景中点缀以小型雕像。锁孔护板是一枚带有"政和通宝"字样的古钱币，"政和"是北宋徽宗的一个年号，持续时间较短。柯惕思根据这些细节以及那枚古钱币的年代推断，这个闷户橱可能属于12或13世纪，但其他学者认为，这个断代的时间过早。走近细观，可见上下面板上雕刻有童子和手持莲花的美人鱼，而中间的面板上雕刻有代表孕育的兔子。照片由马可乐提供。

壁画中能洞悉些许时代风格，但也不是确定无疑的。因为这些作为依据的资料和艺术品本身的年代也有待考证，况且，艺术家经常会出于对往昔的敬意而特意绘制老式风格的家具，这种情况并不少见。另外，家具风格的改变并不是颠覆性的，且工匠经常从旧有设计中寻找灵感。一般来讲，家具的装饰部分会随着时间的推移不断增加的，但也有许多例外，华丽与朴实这两种风格通常是并行发展的。中国古代的工匠也常常通过再现前辈设计的方式向其表达敬意。即便如此，还是有一些断代的基本准则可供参考。

● 明式家具的轮廓更为流畅，边角处更为圆润。

● 明式与清式马蹄足的造型也有所不同：清式马蹄足更为方正有力，明式马蹄足较为低矮，且呈现明显的锥度变化。

● 不同时代的雕刻样式也不尽相同。明代工匠的雕刻更有故事意境。起初，盛行雕刻书法体的"福"字寓意福气，但到了清代，蝙蝠图案逐渐成为寓意福气的主流符号。转变幅度最大的图形则是龙。明代雕刻的龙有五爪，龙鼻较短，上腭与下腭大小相当。而清代的龙多为四爪，龙鼻加长了许多，甚至看起来有些形似象鼻（图47）。

● 漆面对于断代也有一定的帮助。漆面的氧化保护层俗称"包浆"，由于其氧化速度是可估测的，所以行家可通过研究漆面的色泽来判定其年代。明朝时期，木胎与漆层间常使用布料做隔衬。通常是将粗糙的布料（比如粗棉布）浸泡在由生漆和打碎的贝壳、砖、骨头或木炭搅拌而成的糊状物里，然后铺在木胎表面。待其干燥，再涂抹一层面漆。到了清朝时期，已经很少使用布料作为衬里，即便需要衬里，也是使用质地细腻的织物。

● 家具使用了钉子并不一定意味着其是近代之作。有些作品会融入钉子作为设计元素，例如充当动物的眼睛或耳朵。有时还可用于加固家具部件，以防止部件在运输过程中散落丢失，比如用钉子固定几案类家具的牙条或者翘头部分（图48）。不过，接合件部分是不会使用金属类钉子的。

中国古代的工匠在精细接合件的制作方面一直处于领先地位。那些懂得如何将家具拆开并查验接合部件状况的古董商，有相应的办法给家具断代。古董家具有几种基础的接合类型，比如基础的榫卯、斜角榫、燕尾榫、攒边打槽装板等（图49）。明朝的接合件比较简单，工匠们在家具制作中大量使用基础的榫卯（图50）。早期明式家具中楔形燕尾榫的使用比较普遍，但是到了清朝，这种接合方式几乎销声匿迹。此外，四五百年前发明的暗榫和木钉在18世纪晚期已被弃用。这些榫钉常用于家具腿足与牙条的接合部分，也可以贯穿榫头

图47
来自山西省的18世纪黄花梨脸盆架细节图。清朝时期，龙鼻更为修长，龙爪数量也从5个减至4个。镂空的栅板上雕刻有精美的云蝠纹，寓意吉祥或福气。照片由王就稳提供。

图47

图48

图50

图51

图48

来自山西省的康熙年间纪年款槐木供案。软木家具上有时会使用铁钉加固牙条和翘头等结构部件。照片由马可乐提供。

图49

一张翘头桌的木工接合件和所在部位的分解展示图。照片由洪光明（John Ang）提供。

图50

罗锅枨凳子立体分解图，展示了中式家具中使用的榫卯结构。照片由黑国强提供。

图51

榆木四面平条桌，有如意云纹足及过时的大曲线牙条，其历史可追溯到宋元时期，经碳14测定，其年代为17世纪。照片由洪光明提供。

和榫眼对其进行加固。

● 早期家具有明显的旧时建筑设计的影子。例如，明代椅扶手上的连邦棍和天蓬床的围栏便是模仿古代亭阁里的栏杆制作的。有些天蓬床围栏具有镂空的几何图案，与山西云冈石窟石壁上雕刻的格栅状栏杆很相似。在宋代的一些画作中，亭台的围栏上也能看到类似的图案。后来的设计则多使用花卉图案。

另外，一些早期家具，如图51所示的榆木四面平条桌，壶门式牙条的中部较宽，曲线弧度较大，具有明显的旧时建筑特征，其久远的年代与其特征是一致的。

综上所述，除了碳14断代法外没有其他确切的断代方式。最近，收藏家陈智安就一张榆木四面平条桌的断代问题向台湾知名古董收藏家洪光明提出了质疑。洪光明依据这张桌案的保守风格，推断其年代可能是元代，后经碳14断代法证实这张桌案属于明中期。陈智安认为这一误判是因为：该四面平条桌产自山西，而那里的家具一直以风格保守著称。既然如此，为什么大部分古董商不使用碳14断代法呢？首先是成本过高，其次是因为很多人还是认为它不可靠。碳14断代法测定出的是木材的砍伐时间，而不是那件家具的具体制作年代，因为工匠在制作家具时是有机会使用库存老料的。而且，碳14断代法仅能准确测定具有250年以上历史的有机材质。"所以，如果我们想要通过此法鉴定一件新料制成的家具的真伪，那么测量出的结果往往可信度不高。"柯惕思说到。不过，他认为，如果家具表面存在原始漆层，那么漆膜的碳14测定是可以作为家具断代依据的。

雕刻、工艺和纹饰

木雕的灵感来自装饰性的象牙雕、竹雕、石雕、漆雕及玉雕，尤其是元朝时期的漆器雕刻以及明朝时期的竹雕工艺。据学者田家青讲述，雕刻装饰在清中期之前一直很少使用，但由于乾隆皇帝痴迷于"不必要的、烦琐的形式"，于是大型家具在制作时开始大量加入雕刻装饰。进而出现了大量象征财富和等级的装饰工艺。并且由于当时玻璃窗的广泛使用，室内较之前更为明亮，因此出现了颜色更深、造型更加复杂精细的雕刻样式。清朝皇帝还偏爱螺钿、雕塑、绘画和镶金等工艺，以及龙凤纹、云雷纹（图52）等图案设计。

如果没有烦冗华丽的雕刻装饰，那么从牙条边缘或腿足的线脚上便可轻而易举地判断家具质量。技术高超的雕工虽然可以让一件朴实无华的家具变得更为立体，但也掩盖了其本身的品质。

虽说构图和刀工对雕刻来讲至关重要，但如果雕工不能巧妙地将成品抛光，那这些要素也就失去了存在的意义。光滑均匀的表面可以增加家具的光泽，并提亮色彩。抛光被视为最高端的手工艺之一，清早期及中期的抛光技师的手艺至今无人能及。然而，这一技艺已经失传，因其是个费时费力的活计，现已被更为轻松省力的打蜡和上漆工艺所取代。但是蜡层和漆面发出的光泽与古时的抛光相比，效果有云泥之别。

图52
来自陕西西安的榆木黑漆束腰半月条桌，年代为17世纪。精美的雕刻展示了云纹图案和不同寻常的腿足特征，"关节"和桌脚的雕刻在同类家具中十分罕见。不过，在清朝以前，木雕工艺使用的频率并不高。照片由蒋汉娜提供。

图52

中式家具纹饰

中式家具的纹饰类型大致有6种。

仿古样式。明代的文人们热衷于仿制青铜器、古玉器及石雕上的纹饰。这些纹饰经常以浅浮雕的形式呈现。如意纹（图53）是中式家具中最常见的一种图案，通常会与多个连续的云纹组合出现（如意纹与祥云、灵芝图案经常同时使用，象征吉祥和长寿）。虽说中国各地都在用，但如意纹在山西省尤为流行。另一种比较流行的仿古样式是象征"双重福祉"的双套环图案（图54）。

富有规律的几何图案。屏风及门扇上多采用几何图案，从曲线线条到圆形、三角形、方形、菱形乃至梯形，不一而足。简单的图案设计一般使用方形和六边形，比如屏风上的星形和风车形图案，寓意长久而持续的繁荣。其他的简单图案还包括"冰裂纹"等。那些造型、结构及材质相似的带有几何图案的家具基本都是出自苏州地区的能工巧匠之手。一种比较风靡的图案样式是多个连续的"卍"字纹饰，在天蓬床上尤其常见，它代表幸福、财富和绵延不绝的寿命（图55）。

动物纹饰。既有神话中的形象，也有现实中的动物。龙作为最受欢迎的瑞兽之一，代表着皇室的权威和男性的生殖能力。因此，龙形纹饰常出现在给人庄严感的椅子背板或卧榻的牙条上。半狮半龙的麒麟也是常见的瑞

兽形象，寓意多子多福。神鸟凤凰则是吉祥的象征（图56~58）。动物纹饰都是很好的断代参考。明早期的龙身

图53

图54

图55

图56

图57

图58

图53
几案上的如意纹雕刻，寓意吉祥和长寿。照片由台湾雅典襐艺术品管理顾问公司（Art of Chen）提供。

图54
象征"双倍福气"的双套环图案。照片由洪光明提供。

图55
格栅结构中的"卍"字纹饰细节图，连续的"卍"字造型寓意为"万古永年，无穷无尽"。照片由马可乐提供。

图56
来自广东省的晚清透雕凤凰屏风。照片由新加坡安董堂古典家具公司提供。

图57
窗格屏风上雕刻的凤凰图案的细节图。照片由蒋霭玲提供。

图58
黄花梨几案牙头部位的凤凰雕刻，典型样式，具有凤冠、卷曲的凤翼以及钩状凤喙。照片由毕格史夫妇提供。

图59

图59
黄花梨宝座（图566）搭脑两端雕刻的龙头。照片由毕格史夫妇提供。

图60
17世纪的黄花梨太师椅，靠背板上雕刻有盘龙纹样案。图片由毕格史夫妇提供。

图61
来自山西省的17世纪南官帽椅，其搭脑端部雕刻的髹漆龙头。照片由蒋霭玲提供。

图62
山西老式橱柜上常见的花卉图案。照片由马可乐提供。

图63
一张榆木罗汉床围板上的莲花卷叶纹圆雕，典型的清中晚期风格。照片由马可乐提供。

图64
镂雕的荷花图案。照片由毕格史夫妇提供。

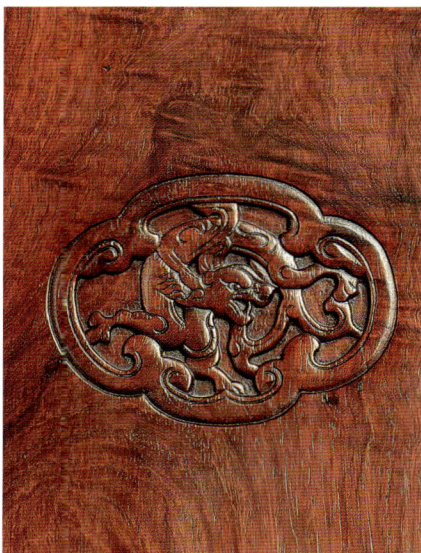

图60

图61

图62

图63

图64

形清瘦矫健，栩栩如生，而清中期以后的龙身形笨拙（图59~61）。鹿和兔子的纹饰代表长寿，但是并不常见；而鹤代表的是智慧及父子关系。

植物纹饰。中国人喜欢把很多优秀品德与植物联系起来。花卉图案也很常见，牡丹象征着财富和高贵，而梅花则寓意美好，常常出现在床榻上。"岁寒三友"：梅、松、竹也是常见的植物纹饰。一些诗人认为它们象征着"永不屈服的精神"。有些花卉图案，比如牡丹和玫瑰，同18、19世纪欧洲宫廷家具的纹饰很相似。这些家具大都是广式风格，不惜用料，雕刻繁复（图62~64）。柿子寓意长寿、庇护、坚韧和美好，是中国家具最早使用的植物纹饰之一，迄今已有1800余年的历史。

书法纹饰。清代流行书法纹饰，通常采用镶金或雕漆工艺制作，或者以浮雕形式呈现。最常见的书法纹饰是汉字"福"，象征"幸福"（图65、图66），但文史学者那仲良认为最好理解为吉祥、好运或福气。"福"字纹饰有多种表现形式，最常见的形式是雕刻出这个汉字或一

只蝙蝠（图67）。另外两个比较常见的书法纹饰是"寿"字（寓意长寿）和"卍"字（寓意永生）。"卍"字有多种形态变化，如曲线叠加交错或者四边向外延伸变化，其寓意为"万古永年，无穷无尽"，是格栅结构中常见的纹饰类型。

人物纹饰。通常是史实或虚构类小说中的人物形象。常见的人物纹饰是"八仙"，他们是备受后世敬仰的道教神仙。其他常见的神仙形象还有弥勒佛、寿星和财神等。有时，雕刻的人物很简单，就是普通的士农工商形象或者诸如《红楼梦》和《水浒传》等民间小说中的人物，甚至元曲中的人物形象也是家具人物雕刻的灵感来源。据知名藏家马未都介绍，有些门廊和屏风上雕刻的人物形象与安徽的新安派、江苏的金陵派以及浙江和福建的木版画画派根据戏剧和小说制作的木版画插图人物很接近（图68）。这些人物形象在中国南方商人阶层使用的门廊和屏风的雕刻中很常见，尤其是在木版画画派所在的地区。

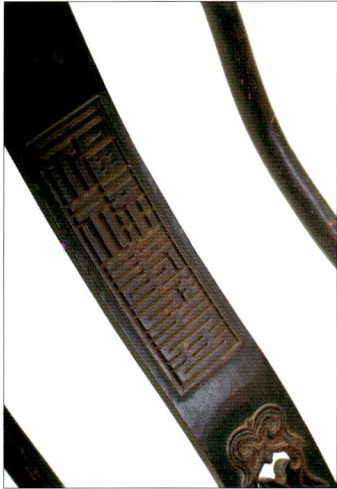

图65

图66

图67

图68

图65
太师椅靠背板上的书法纹饰。

图66
来自河南省的交椅靠背板上的"福"字纹饰。

图67
几案上的蝙蝠纹，寓意好运或福气。照片由洪光明提供。

图68
一件福建古董柜子上的绦环板，镂空雕刻了民间故事的场景。照片由马可乐提供。

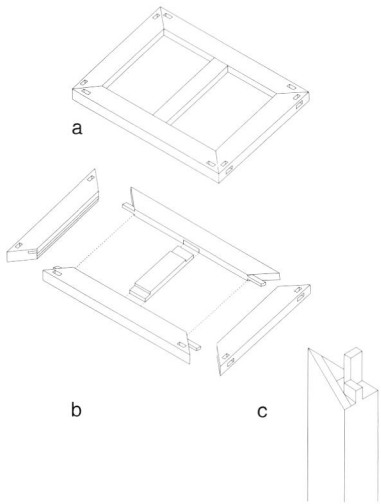

图69

木工接合件

　　中式家具的无与伦比一定程度上归功于其精确的接合方式（图69、图70）。部件之间可以无缝对接，精确互锁，木工接合件不仅提供了结构强度，还能提升设计美感。早在战国时期，木工接合件已经开始应用于家具，但直到宋朝才出现了更为精细复杂的接合样式，比如斜角榫。标准的面板安装采用攒边打槽装板法，这一巧妙的设计能够容纳木料因湿度变化引起的膨胀和收缩。有了这些木工接合件，面板和牙条无须胶水就能牢牢固定，且易于拆装。在中式家具中，除特殊情况外，一般是不会使用金属钉子和胶水的。

　　清代的工匠们常常制作复杂别致的木工作品以炫耀他们的技艺。这一时期，木工接合件越来越复杂，比如双肩斜角交叉榫等。虽极富创意，但稳定性和牢固性却大不如前。凭经验来讲，接触面越大的木工接合件越稳固。因此，毫无疑问，这些炫技的工艺只是一种专业的吸睛手段而已。

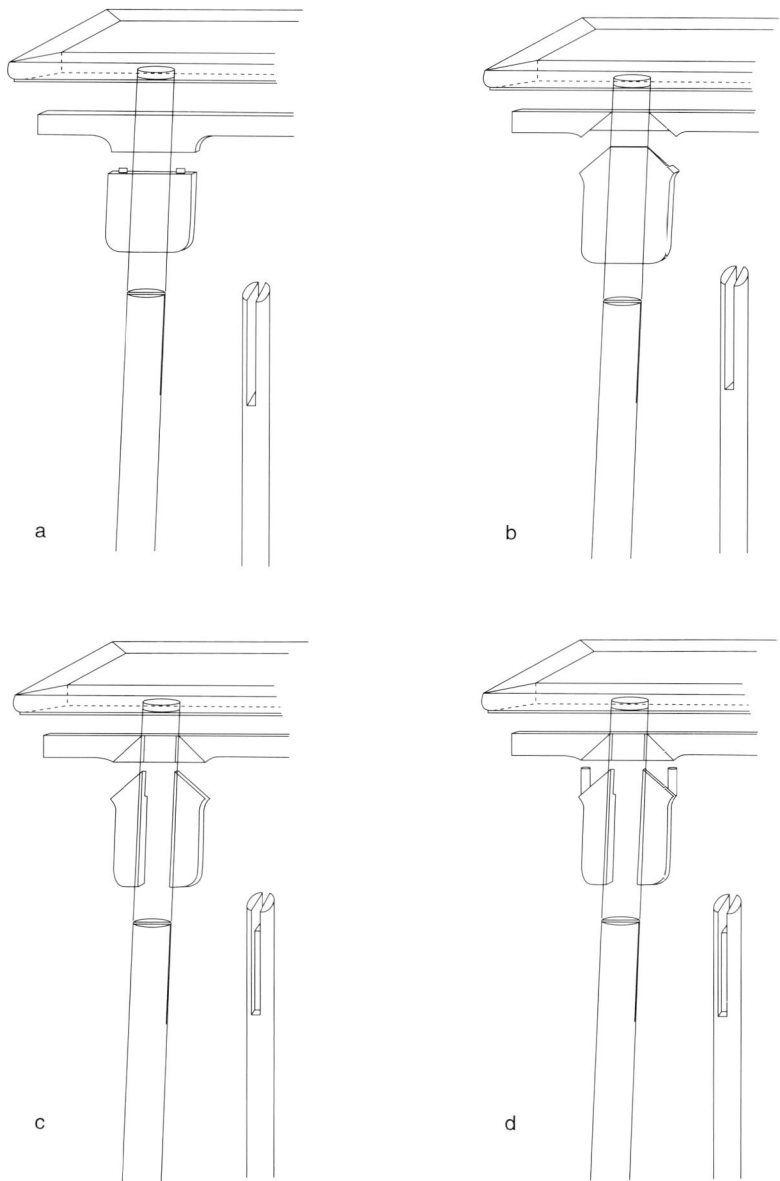

图70

图69

典型的桌案面板攒边打槽装板法示意图。图片由柯惕思提供。

a. 含穿带的斜接面框
b. 面框、板心及穿带分离展示图，其中的接合件均露出在外
c. 双榫棕角榫

图70

四种夹头榫接合件的结构示意图，其复杂性与多变性可见一斑。图片由柯惕思提供。

a. 夹头榫（腿足上端开口嵌夹牙条与牙头）
b. 夹头榫（腿足上端打槽装牙条、牙头）
c. 夹头榫（腿足上端开口嵌夹牙条，打槽装牙头）
d. 夹头榫变体燕尾结合

第4章
椅类家具

虽说现代的藏家比较喜欢太师椅（图71），但最早的椅类坐具都是便携式的（图72）。在战场上它是权力的象征，而在宫廷之外可充当皇帝的临时宝座。虽然出身平淡无奇，但几经演进却成了富人家中让人过目不忘的存在。折叠椅成型大约是在晚唐或宋初，座面由藤条或绳子编织而成，并带有一个功能性的靠背。其中的物理学设计十分巧妙：一个人靠着靠背坐于其上，他的体重会产生一个扭矩，使分开的双腿能够保持在一个合适的位置，并使座面绷紧。折叠椅如此风靡，不仅是因为其便携性，还因为它可以节省空间。

折叠椅一直长盛不衰，直到明朝末年其地位才被其他样式的椅子取代（图73~77）。这类坐具不仅适用于行军打仗，还易于挪动，可放在庭院的任何角落或方便出行时携带。17世纪时出现了一种变体"胡床"坐具，可以视为当今在草坪上休息所用的折叠躺椅的雏形。很不幸，这种坐具流传下来的实物家具非常之少，因为其结构的复杂性使其与其他类型的家具相比更易磨损和损坏（图78、图79）。

折叠椅从诞生之日起便有严格的等级划分。帝王、将军和要员们外出时的随行折叠椅都是带有马蹄形靠背的。这些象征身份的出行宝座配有精致的金属底座，非常稀有。1996年的一次拍卖会上，两把黄花梨宝座拍出了40多万美元的高价。不过，目前仅私人藏家手中尚有几例硬木折叠椅藏品，而古董商手中的大多是软木制成的。

如今，明代被视为中式家具的鼎盛时期，当时的富商巨贾和统治阶级家中均可见桌椅类家具（图74）。最常见的坐具是条椅（也被称为灯挂椅），其装饰性和功能性俱佳，常置于主厅中的供案旁边。既足够大气，能够满足礼仪需要，

图72

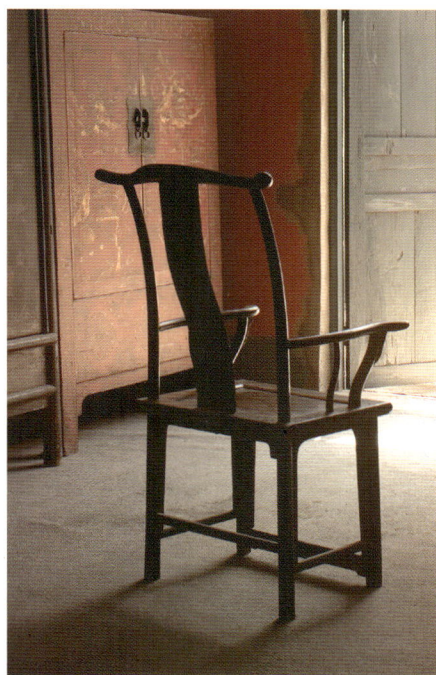

图73

图71（第40页）
这类独具地方特色的太师椅越来越受藏家们的青睐。

图72
最早的椅子都是便携式的。图中这把椅子拍摄于马可乐位于天津的仓库中，靠背板上雕刻有书法纹饰，秀丽雅致，极具地方特色。

图73
来自山西省的四出头官帽椅。该省出品的椅子都具有厚重的曲线形搭脑，从其搭脑的立体感可以看出，它来自富庶之家。

又足够舒适，可用于鉴赏画轴、练习书法或招待客人（图77）。通常，史学家都是通过旧时图画中绘制的室内布局来了解家具用途的。中国学者傅惜华先生1981年编辑出版的《中国古典文学版画选集》就是一个不错的参考。

在13世纪，大型宴会和特殊场合的家具摆放都要咨询专门的室内布置"专家"，以确保礼仪合规够档次。在正式场合，桌椅类家具都是线性摆放的——平行于墙壁，彼此成直角（图76）。座次安排乃至桌案上摆放之物都有相应的规定。不过，官方场合与私人活动的要求还是有差别的。例如，庄重的场合多使用马蹄形靠背椅，而内室活动则多用玫瑰椅。不过，中国人常会重新摆放家具以满足客人或活动的需要，或者出于娱乐的需要而根据不同季节和不同场合来变换室内家具的布置。这种做法在上层社会很是流行，一直持续到清晚期。在研究了6000余幅木版画之后，伍嘉恩女士认为，明清时期的室内布置是流动多变的，这与静态的欧洲室内设计正好相反：家具都有固定的位置，无须重新摆放。

中式家具的分类法没有哪一种是堪称完美的。学者们采用的最为简单也最为常见的是形制分类法。根据这一分类法，中式椅子可分为9种：四出头官帽椅（或称四出头扶手椅）；南官帽椅（或称文椅）；条椅（或称灯挂椅）；禅椅；玫瑰椅（或称矮靠背扶手椅）；太师椅（或称马蹄形靠背椅）；交椅；清式扶手椅以及仿西式椅。此外，还有一种矮靠背的四出头官帽椅。

图74
富商巨贾及统治阶级的宅邸中都配有椅子，包括这种四出头官帽椅。

图75
来自《红梨记》的木版画。在一间宽敞的厅堂内，主人与客人分别坐于四出头官帽椅上，一面巨大的屏风位于主人身后。图片由伍嘉恩提供。

图76
图中媒人正在为一对青年男女互相介绍，选自明崇祯本《金瓶梅》。在这间宽敞的厅堂中，可见四出头官帽椅、翘头案以及悬挂在供案上方的立轴。图片由伍嘉恩提供。

图77
来自山东省的清代核桃木童椅。置于炕桌两侧，属于典型的西式摆放风格。克里斯托弗·诺托的藏品。

图78
18世纪的榆木躺椅，带伸缩式脚凳，主视图，很可能是放置在庭院之中供休闲之用的。照片由蒋霭玲提供。

图79
18世纪的榆木躺椅的侧视图。照片由蒋霭玲提供。

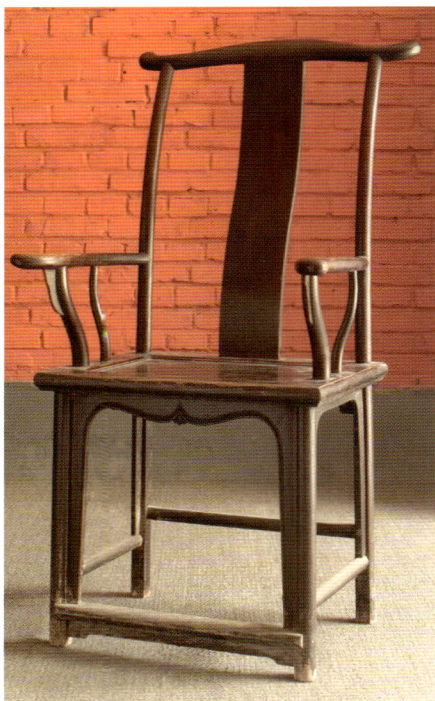

图74

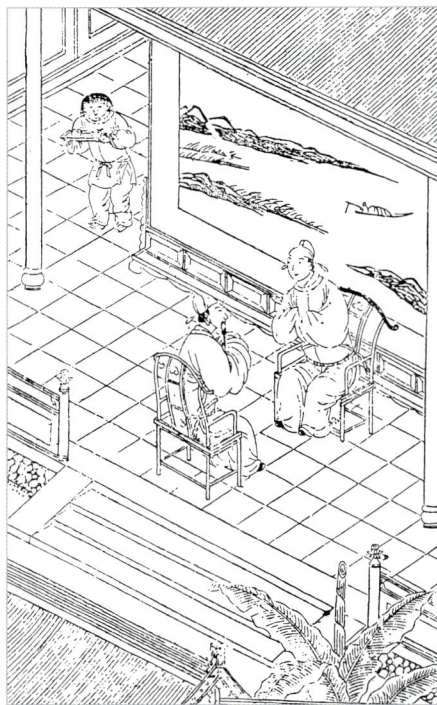

图75

图76

图77

图78

图79

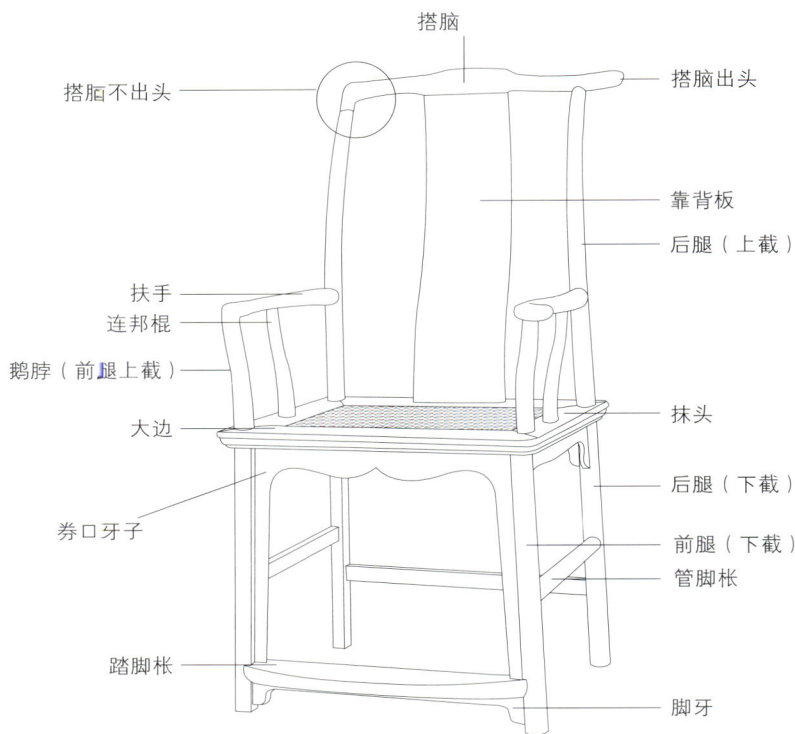

图80

图81

搭脑

搭脑不出头

搭脑出头

靠背板

后腿（上截）

扶手

连邦棍

鹅脖（前腿上截）

大边

抹头

券口牙子

后腿（下截）

前腿（下截）

管脚枨

踏脚枨

脚牙

图80
官帽椅各部件的名称。

图81
来自山西省的榆木藤编软屉四出头官帽椅，制作于17世纪。虽是软木制成，但其雅致的S形靠背板与许多顶级的硬木靠背椅不相上下，颇具王者之风。照片由马可乐提供。

图82
四出头官帽椅。照片由克里斯托弗·库克提供。

图83
黄花梨四出头官帽椅，扶手一顺而下。制作于17世纪。照片由毕格史夫妇提供。

图84
来自北京的紫檀椅，靠背板上有复杂的雕刻装饰，制作于18世纪。照片由黑国强提供。

图85
来自华北地区的黄花梨四出头官帽椅，制作于17世纪。靠背板两侧为长长的花牙，有瓶中竹造型的连邦棍支撑在扶手处。靠背板上镂雕有"福"字纹案以及一块瘿木嵌板。明晚期的版画中出现过类似的椅子。照片由冯耀辉提供。

四出头官帽椅

四出头扶手椅通常被称为四出头官帽椅，是中式椅子家具中最成功的设计之一（图80），也是最早出现的样式之一。在山西云冈石窟的壁画中，描绘了几种不同样式的四出头官帽椅，其年代可以追溯到538年。它的显著特点是具有宽而扁平的靠背和出头的弯曲扶手。虽然文字等资料对四出头官帽椅的记载是在6世纪时突然出现的，目前没有发现任何更早的原型证据，但很多史学家，比如萨拉·汉德勒（Sarah Handler），依然认为官帽椅是逐渐演化而来的，其实际出现的年代更早。

目前流传下来的最早的四出头官帽椅实物是明代的，那时它的形制已臻成熟。但宋代的绘画作品中也常出现其身影，这说明四出头官帽椅在宋代不仅已被普遍使用，而且极为流行。它最初是

作为神明和皇室的宝座而存在的，后来逐渐扩展到普通的官员和文人阶层。

四出头官帽椅的名称也颇为有趣。虽然学术界多称其为四出头扶手椅，但人们更习惯于称其为四出头官帽椅，因为它与早期官员们所佩戴的官帽帽翅形制很相似。不过，"官帽椅"这个名称在明朝的文字记载中并没有出现过，对这种椅子唯一的文字描述是禅椅。

四出头官帽椅座面宽大，在生活中也不是用来参禅悟道的。这样的形制在中国家庭中扮演着更为独特的角色：在主厅中招待客人或在书房中供读书者使用。这是一种能带给人权力感和突出身份地位的椅子。端坐其上，倚靠高高的靠背，你会不自觉地挺直身体，给人一种高大威严的感觉。弧形的曲线、搭脑处略显夸张的拱形、略带S形弯曲的靠背板，使四出头官帽椅散发出一种动感气质，并使其显得牢固有力（图81）。

若能将这些动态要素融为一体，这样的四出头官帽椅便是真正的传世之作。

虽说靠背板是体现椅子风格的最重要的部件，但扶手的气质同样重要。许多扶手的支撑件都呈波浪形，赋予了四出头官帽椅活泼有力的气质（图82、图83）。位于座面下方的枨子，其位置也具有象征意义。位于前腿之间的踏脚枨是距离地面最近的枨子。侧面和后腿之间也分别装有枨子，且3个枨子的位置依次升高，这种布局称为"步步高赶枨"（图83），寓意"加官晋爵，步步高升"。

尽管工匠很少会改变四出头官帽椅的经典比例，但对于牙条、靠背板或扶手的纹饰雕刻，工匠是可以发挥创意的（图84~90）。这3种部位上的纹饰有助于史学家判定家具的年代和产地。一般来讲，品质较好的搭脑，其正中部位会稍微倾斜或略向后卷。若搭脑过于平直，给人一种视觉上的提升感，那么这类椅子很可能是出自偏远地区的工匠之手（图87）。山西与陕西交界处产出的四出头官帽椅，其搭脑比较厚重，弯曲弧度大而有力（图88），而苏州地区的四出

图82

图83

图84

图85

图86

图86
四出头官帽椅，置于宽大的台座之上，是古时官员出行时所乘坐的轿椅。制作于19世纪。照片由蒋霭玲提供。

图87
来自山西省的清晚期榉木四出头官帽椅。新加坡安董堂古典家具公司的藏品。

图88
黄花梨四出头官帽椅，具有镂空雕刻的靠背板和经过雕刻装饰的券口牙子，可能曾用作便携式轿子的轿椅。黄志达的藏品。

图89
成对的榉木藤编软屉四出头官帽椅，制作于19世纪。黄志达的藏品。

图90
来自江苏省的黄花梨四出头官帽椅，制作于17世纪。靠背板上装有石质和瘿木嵌板。黄志达的藏品。

图91
成对的束腰马蹄足四出头官帽椅，有不同寻常的藤编靠背，搭脑下装有两个绦环板。照片由伍嘉恩提供。

图86

图87

图88

头官帽椅，搭脑正中部位后卷得较为舒缓（图90）。靠背板也具有鲜明的地域特征：有的是素板（图89），曲线雅致；有的精雕细刻，极尽复杂。三段攒框装心板式的靠背板几乎成了中国南方红木椅类家具的标准制式。

虽说现存的大多数官帽椅都是带枨子的直腿样式，但明代出现过一种特别的形制：带有马蹄足和束腰（图91）。

南官帽椅

靠背高且方正、搭脑和扶手均不出头的扶手椅被称为"南官帽椅"（图92~100）。在苏州地区，南官帽椅多用于诗人、画家和学者的书房，因此又被称为文椅。在历史上，是江苏省的工匠最早制作出平衡匀称的明式家具的，因此，人们普遍认为，南官帽椅诞生于此，并逐渐推广至北方地区，这也解释了为什么其名称中带有"南"字。同玫瑰椅一样，南官帽椅的扶手也是一气呵成、一体成型，其灵感可能来自竹椅上竹材被弯曲做出的转角部件。

据萨拉·汉德勒介绍，官帽椅是中式椅子中最为竖直的，因此它象征着"荣誉、尊贵和权力。"因其能彰显地位，

图89

图90

图91

图92

图93

图92
红木矮靠背南官帽椅，制作于19世纪。照片由陈鉴泉提供。

图93
黄花梨藤编软屉矮靠背南官帽椅。照片由伍嘉恩提供。

图94
南官帽椅。照片由克里斯托弗·库克提供。

图95
来自山西省的榆木南官帽椅，硬座面，带有雅致的瓶口竹形连邦棍，朱漆饰面。制作于18世纪。照片由马可乐提供。

图96
成对的黄花梨矮靠背南官帽椅。照片由王就稳提供。

图97
来自江南地区的黄花梨藤编软屉南官帽椅，制作于17世纪。靠背板上的镶嵌物为珍珠母，原来的半宝石被临时取下，并在拍摄完这张照片之后重新装回。照片由冯耀辉提供。

图94

图95

图96

所以"像筷子和米饭一样渗透到了中国社会的每一个阶层"。

虽说绝大部分的官帽椅靠背板都很直立，但也有靠背板向后倾斜的版本（图99），作为一种早期的躺椅样式，这种版本的椅子并不多见。官帽椅的另一种版本是"禅椅"。在现存的明朝文字记载中，并没有"官帽椅"这个名称，而在《鲁班经》中提到了"禅椅"。禅椅比普通官帽椅更大，足以容纳一个人舒适地盘腿端坐于上（图101~104）。

经典南官帽椅的造型与英国的安妮女王椅颇为相似。安妮女王椅有靠背板、轭型曲线以及弯曲的腿足，被视为是对南官帽椅的重新诠释。可能是当时英国的设计师借鉴了南官帽椅的整体设计，只是降低了座面高度，并拉长了靠背板。

图97

图98

成对的核桃木矮靠背南官帽椅，靠背板上浮雕有仿古龙纹饰。制作于18世纪。照片由陈鉴泉提供。

图99

来自山西省的榆木南官帽椅，靠背板向后倾斜。制作于18世纪。照片由洪光明提供。

图100

来自山西省的成对榆木南官帽椅，制作于18世纪。这对椅子扶手下的格栅结构并不常见。这类椅子也被称为文椅。照片由蒋霭玲提供。

图98

图99

图100

图101

图102

图103

图104

图101
来自山西省的核桃木禅椅，制作于18世纪。
蒋汉娜的藏品。

图102
来自山西省的柏木禅椅，制作于18世纪。蒋
汉娜的藏品。

图103
来自浙江省的黄花梨藤编软屉禅椅，制作于
17世纪。藤编的靠背板向后倾斜，扶手下有
梳齿式立柱。照片由王就稳提供。

图104
来自江苏省的榉木禅椅，曾配有可调节的后
倾式靠背板。制作于1750—1850年间。虽
然立柱及扶手仍在，但其支撑的靠背板已佚
失。黄志达的藏品。

图105

灯挂椅

这是一种没有扶手的靠背椅（图105、图106）。从山西省稷山县的晋代墓穴中可以发现，这类椅子是用来同时宴请一对夫妇时的正式坐具。20世纪时，这类椅子在北京也被称为灯挂椅，因其形似悬挂在厨房附近的竹制壁灯。萨拉·汉德勒指出，由于轻便，灯挂椅可放置在家中任何适宜的地方，室内室外均可。因此，其用途多样，若主厅待客时需要更多的椅子，可以轻松进行挪移补齐。在正式的宴请场合，灯挂椅的靠背板上通常会加饰被称为"缂丝"的丝绸织物，以彰显端庄和尊贵。宴饮时，灯挂椅需要整齐地排列成行。

灯挂椅同18世纪早期设计的安妮女王椅也有类似之处。有学者认为，可能是当时业已成熟的灯挂椅传到了伦敦，伦敦的设计师借鉴并采用了灯挂椅的设计元素。

图106

图105
来自苏州地区的黄花梨罗锅枨灯挂椅，制作于17世纪，其踏脚枨的样式比较少见。照片由黑国强提供。

图106
来自湖北省的成对灯挂椅，其比例经过了修改，因此整体更显瘦长，搭脑厚重而呈曲线形。照片由蒋霭玲提供。

图107
黄花梨冰裂纹玫瑰椅，制作于18世纪。照片由陈鉴泉提供。

图108
来自江南地区的黄花梨梳背玫瑰椅。制作于19世纪早期，是清中期至晚期典型的苏作玫瑰椅，多用红木制作。与传统玫瑰椅不同的是，这件作品的靠背板略微拱起。照片由冯耀辉提供。

图109
黄花梨及瘿木六方扶手椅，制作于17世纪。这是一款非常经典的中式家具。侣明室收藏，照片由伍嘉恩提供。

图107

图108

玫瑰椅

"玫瑰椅"这一名称从何而来我们不得而知，有可能这种精美的椅子是专为女性设计的，因为在古时的版画作品中常见其摆放在女子的内室。不过，这种论调现在已被抛弃。主流的研究认为，环绕在玫瑰椅上的枨子造型及其柔和的曲线虽然让它具备了所谓的"女性"气质，但这仅仅是向更为古老的轻薄竹制家具致敬的方式而已。事实上，有许多矮靠背椅是仿照竹制坐具制作的。

其实玫瑰椅男女均可使用，并未作基于性别的划分。虽然玫瑰椅常常出现在卧房中，但同样有很多画作显示，在官府或私家宅邸的主厅中，成套的玫瑰椅被面对面地排成两列。很显然，这种轻巧便携的椅子被视为一种非正式的家具，可以根据需要在家中随意挪动和摆放。矮靠背的玫瑰椅在苏州很常见。这可能与苏州园林遍布、房舍设计中窗户众多有关，放置高靠背的椅子难免会遮挡视线，而矮靠背的玫瑰椅正好适合置于窗下。

不同于官帽椅高高的靠背，玫瑰椅的靠背较为低矮，与扶手的高度相差无几（图107~112）。近乎方形的设计可能沿用了扶手与靠背等高的一种宋代椅子的设计。矮靠背的椅子

图109

图110

图111

图112

图110
来自上海的成对铁力木罗锅枨玫瑰椅，制作于18世纪。照片由王就稳提供。

图111
核桃木玫瑰椅，样式较为罕见，制作于18世纪。私人藏品。照片由英国著名古董商、收藏家马科斯·弗拉克斯（MD Flacks）提供。

图112
黄花梨玫瑰椅，靠背板上双面透雕螭虎龙纹，正中的圆形饰板上浮雕一首古诗。制作于17世纪。侣明室藏品，照片由伍嘉恩提供。

几乎都没有中央靠背板，不过，沿靠背和扶手会设计一些具有支撑作用的部件，其中一些部件上还带有精美的雕刻装饰，比如雕刻有"岁寒三友"纹饰的镂空板。事实上，玫瑰椅的雕刻工艺更为细腻精致，这一点从玫瑰椅精美的靠背板、立柱和枨子上可见一斑，有些玫瑰椅甚至在靠背框架上使用了透雕工艺（图112）。

玫瑰椅最为显著的缺点是端坐其上并不舒适，因为靠背顶端过于平直，正好顶在座者背部的中央。

图113

太师椅

太师椅是中国文化特色的有力象征。据柯律格教授介绍，在16世纪和17世纪，只需在这类椅子两侧加装两根抬杆，就可以将其改装为轻便的无蓬轿椅。当然，出行绝不是太师椅的唯一用途。它的主要用途是体现仪式感，是一种象征荣耀的椅子。还有什么比在厅堂中放置一对如此威风凛凛的太师椅更能让人印象深刻的呢？

在明代，太师椅的椅形为圈椅，这种马蹄形圈椅体态高大，半圆形的扶手设计更增强了视觉效果。虽然看似过于宽大，但其仍是中国所有椅类坐具中最为舒适的类型之一（图113~125）。这类椅子的原型最早见于北宋画家李公麟所绘的关于佛教圣者维摩诘的画作中出现的曲线型扶手椅。其解剖构造极为复杂。椅圈的扶手是由五段独立的弯材攒成，通过倒抱式交搭的楔钉榫接合在一起，这是中国木工技艺的一大创举。

经典的马蹄形圈椅使用的接合件数量众多，不过民间家具多使用柔韧性更强的软木，因此接合件的数量要少一些，比如山东的柳木马蹄形圈椅。

图114

图113
来自山西省的成对柞木太师椅，木胎与漆层间有布料做的隔衬，踏脚枨上的原始竹质薄板饰面仍清晰可见。照片由蒋霭玲提供。

图114
来自山东省的柞木太师椅，制作于19世纪。蒋汉娜的藏品。

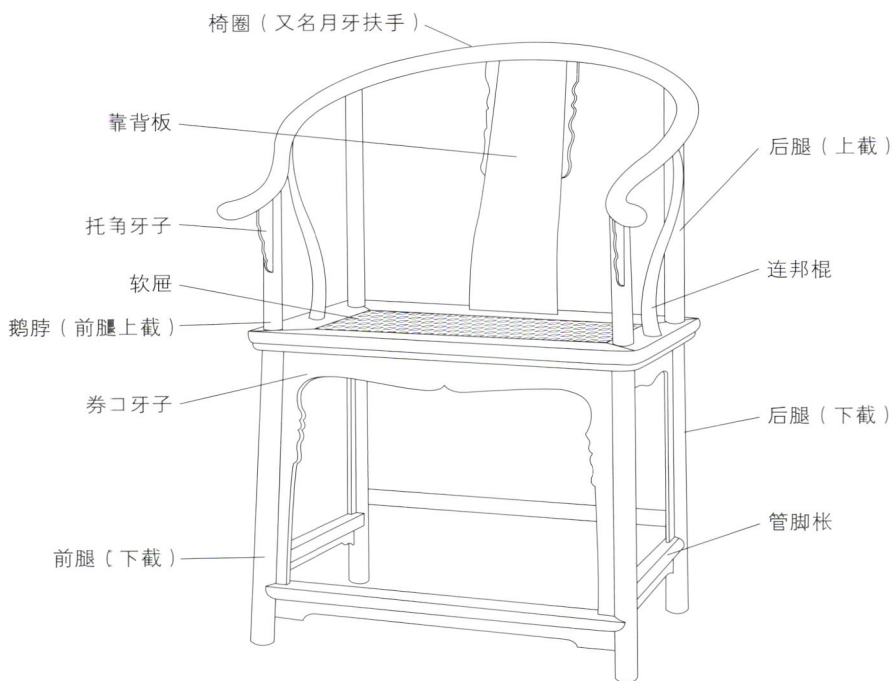

椅圈（又名月牙扶手）

靠背板

托角牙子

软屉

鹅脖（前腿上截）

券口牙子

前腿（下截）

后腿（上截）

连邦棍

后腿（下截）

管脚枨

图115

图115
太师椅各部件的名称。

图116
榉木太师椅，藤编靠背板及软屉，制作于17至18世纪。私人藏品。照片由英国著名古董商、藏家马科斯·弗拉克斯提供。

图117
来自苏州地区的黄花梨太师椅，制作于17世纪。靠背板上三种纹饰：梅花、如意和岩石。扶手末端向后卷曲呈半S形。照片由冯耀辉提供。

图116

图117

图118

图119

图120

图121

图118

来自河北省的太师椅，颇具地方特色，制作于18世纪。蒋汉娜的藏品。

图119

来自江苏省的紫檀太师椅，扶手一顺而下，牙条处饰以精美雕刻。制作于19世纪。黄志达的藏品。

图120

鸡翅木太师椅，扶手一顺而下。细节图展示的是扶手的接合部。制作于18世纪。照片由毕格史夫妇提供。

图121

黄花梨罗锅枨太师椅，扶手一顺而下，S形靠背板上刻有螭龙纹。扶手下方有逐渐变细、曲线迷人的连邦棍支撑。制作于17世纪。照片由毕格史夫妇提供。

图122

图123

图124

图124

图125

图122
来自山西省的清晚期柞木太师椅。新加坡安董堂古典家具公司的藏品。

图123
来自山东省的清晚期柞木太师椅。新加坡安董堂古典家具公司的藏品。

图124
黄花梨太师椅，券口牙子上刻有独特的如意垂云纹（见细节图）。这把椅子本是单例购入的，1年后，这位藏家又得到了与之配对的另一例。制作于17世纪。照片由毕格史夫妇提供。

图125
来自山西省的楠木太师椅，漆层较薄，靠背板上透雕龙纹，靠近地面的罗锅枨上刻有精美的珠边线脚。这把椅子制作于18世纪，是身居高位人士的坐具，但也有古董商认为这可能是一把用于交媾的椅子。照片由马可乐提供。

交椅

　　交椅（图126~128）在明代的木版画中经常出现，可见这种传统的可折叠扶手椅曾经很流行。然而，流传下来的交椅却不多，可能是因为它们多为软木制成，虽然轻巧便携，但也易于磨损。交椅的腿足部分展开后成 X 形，交叉处以金属轴贯穿连接并外包白铜箍加固。座面通常是编织而成的。有趣的是，"太师样"交椅有着宽大的靠背、弧形的靠背板以及额外添置的踏脚枨（图129~131），虽然看起来颇具威仪，但却变得难以折叠，丧失了原有的便携性。

　　不过，"太师样"交椅一度是一家之主甚至帝王的专用座具。虽然在拍卖会上硬木交椅在椅类家具中售价最高，但是髹漆类交椅也很受欢迎。乾隆皇帝曾拥有一把奢华无比的黑漆描金交椅，而伦敦维多利亚和阿尔伯特博物馆藏有一把高大的雕龙朱漆交椅，可能也是宫廷之物。据萨拉·汉德勒介绍，上层社会的其他人可能将交椅用于书房或正式

图126

图127

图128

图126
颇具地方特色的核桃木交椅，绳编软屉上有修补痕迹。克里斯托弗·诺托的私人藏品。

图127
来自云南省的桃木交椅，制作于19世纪早期。照片由马可乐提供。

图128
来自山西省的明代槐木交椅，可能是供狩猎或出行之用，带有金属铰链及精美的铸铁加固件。照片由马可乐提供。

图129

的待客场合，有时甚至会一时兴起把交椅带至庭园中下棋。在古代，交椅是身份地位的象征，即便是死去的人也是如此。在很多墓穴的文物中都可以发现交椅的身影；在祖先的画像中，交椅也常常出现。

直后背式交椅曾经极度风靡，其本身就是为了折叠便携设计的，甚至有些交椅折叠后仅有7英寸（17.8厘米）宽。已知最早的直后背式交椅出现在宋代的绘画作品《清明上河图》中。西班牙国王曾拥有一对直后背式交椅，可能是16世纪时从中国商人手中购入的。此外，马可乐先生在云南省发现了一些造型更为基础的折叠椅，类似英国的老式写字椅（图127）。

交椅中有一种更适合休闲放松的款式，被称为"醉翁椅"。醉翁椅在明代同样颇为流行，特别受文人雅士的欢迎。这种椅子具有近似躺椅的设计，可能是所有古典座椅中最为舒适的一种。可以在明代画家仇英创作的《梧竹书堂图》（图132）中窥得一些端倪。

图130

图131

图132

图129
黄花梨"太师样"交椅（同款可见图15）。制作
于16世纪晚期至17世纪早期。叶承耀医生的私
人藏品，照片由伍嘉恩提供。

图130
"太师样"交椅。照片由美国明尼阿波利斯美术
馆提供。

图131
黄花梨"太师样"交椅，靠背板上刻有龙纹。制
作于17世纪。黄志达的藏品。

图132
在仇英的《梧竹书堂图》中可以看到一张"醉翁
椅"。照片由台北故宫博物院提供。

图133

清式扶手椅

这种坚固的方形椅子在清朝时期开始流行（图133、图134）。这种椅子外观上介于大型机凳与宝座之间，由两部分组成：束腰凳以及置于其上的类似屏风的靠背。其靠背板上多装饰大理石嵌板。

这种椅子是富人身份地位的象征，多摆放在主厅中。它们往往成对出现，并在中间放置一张茶几。如今，在中国一些私人祖宅和寺庙中仍可见这类清式扶手椅，尤其是在苏州地区（图7）。

图133
红木清式扶手椅。椅子外观上介于机凳与宝座之间，同早期的玫瑰椅相比更为庞大厚重。雕刻繁复的靠背板同周围的卷云纹形成鲜明的对比。照片由王就稳提供。

图134
来自浙江省或福建省的紫檀清式扶手椅，靠背及扶手上为大理石嵌板，大理石纹理有山川之貌。这种椅子看起来像是带扶手和靠背的大型机凳，流行于18世纪，图中这把椅子制作于18世纪晚期至19世纪早期。照片由冯耀辉提供。

图134

仿西式椅

早在17世纪时，中国的手工作坊就同外国买家有贸易往来。虽然中国对贸易实行严格的监管，但并没有停止。在当时的广州滨海地区，荷兰、英国、瑞典及法国所属的仓库占据了颇为显眼的位置。当时开往欧洲的大部分货船里装的都是红茶，但生丝和外销瓷器也是常规货物。由于东印度公司的船长和高级官员可以进行私人交易，所以他们也经常从中国购买一些古玩，其中包括漆

图135

图137

图136

图138

图135
来自广东省的红木角椅，镂雕花卉纹案，大理石嵌饰，制作于19世纪晚期至20世纪早期。这类椅子的设计灵感来自西式的双人椅。照片由陈鉴泉提供。

图136
来自上海的民国时期榉木西式扶手椅，椅子上的铭文显示其制作于1933年。照片由柯惕思提供。

图137
来自广东省的红木灯挂椅，弯足，镂雕卷草纹，大理石嵌饰。这把椅子是安妮女王椅的一种比较自由的变体，制作于19世纪晚期至20世纪早期。照片由陈鉴泉提供。

图138
来自上海的角椅，木材种类不详，圆形靠背，曲线形靠背板，黑漆饰面，制作于20世纪早期。照片由柯惕思提供。

图139

图140

图141

图142

图143

器、壁纸和木家具等。柯律格教授认为，这些货物交易带来了"观念的革命，对艺术和设计领域产生了深远的影响"。

欧洲对神秘的东方充满好奇，因此对中国货物的需求量不断增加。景德镇的瓷窑忙着生产外销瓷器，南京的丝绸作坊则根据欧洲人的品味修改图案样式以满足其需求。18世纪时"中国风"开始吹遍西方，并推动了新式出口家具（图135~145）的市场发展。我们对于晚清时期出口外销家具的工厂知之甚少。古董商陈鉴泉手中有一份当时广州伍常家具作坊的产品清单，其中记录了很多精致的红木家具。在外国人眼中，广州一直以来都是大型出口市场和精美雕刻家具的发源地。然而，到了19世纪晚期，广州并没有成为外销家具的最大生产中心。鸦片战争后，中国开放了更多口岸，上海和宁波这两个港口城市成为外销家具的最大产区。到了20世纪初期，更是有大量外国买家涌入上海，自行选购家具。

东西方的这一次文化碰撞带来的结果好坏参半。虽说有些家具巧妙地将西方元素与中式家具的图案和雕刻结合在了一起，但家具比例却存在很大偏差：靠背板相比座面宽度以及扶手长度往往过于短小。因此，这类椅子往往给人一种粗陋笨拙的感觉。马可乐家中就有一把这样的椅子（图144）。清晚期至民国时期，上海及周边地区制作的很多家具都受到了西方设计的影响（图146），当时大型橱柜的样式明显受到了西方工艺美术运动的影响。虽说椅子的制作工艺水平仍然很高，但有些设计却显得很俗气（图141）。

髹漆镶嵌柜或装饰艺术风格的红木椅子无疑是这种文化融合最好的例证（图142）。它们的出现要归功于当时那些厌倦了传统的上海或浙江风格家具的外籍人士。红木是最能突出棱角分明的装饰艺术风格家具的理想材料。一时间，市面上出现了各种样式新奇、造型独特的梳妆台、桌案等家具。

图144

图145

图139
来自山西省的柞木灯挂椅，四具一堂，制作于19世纪。照片由洪光明提供。

图140
来自上海的装饰艺术风格扶手椅，材质为红木加皮革，制作于20世纪30年代。照片由柯惕思提供。

图141
民国时期的榆木太师椅，西式比例，制作于20世纪初。椅子下半部分看似是19世纪约翰·亨利·贝尔特（John Henry Belter）设计的布面椅的变体。马可乐的藏品。

图142
来自上海的鸡翅木装饰艺术风格椅，制作于20世纪。蒋汉娜的藏品。

图143
来自广东省的红木帆布躺椅，制作于20世纪初。照片由柯惕思提供。

图144
民国时期的仿西式椅。马可乐的私人藏品。

图145
来自山西省的榆木灯挂椅，圆形座面，靠背板饰有花卉图案。这把椅子制作于19世纪，设计上借鉴了迈克尔·索耐特的经典小酒馆椅。照片由洪光明提供。

图146
来自上海的曲木摇椅，制作于19世纪。这种椅子是清中期至晚期时由西方人引入的。照片由王就稳提供。

图146

第5章
杌凳和长凳

无论是在喧闹的大都市还是在质朴的乡村，中国的"坐文化"随处可见。走到哪儿都能看到有人坐在某种形式的坐具上：可能是矮凳、长凳（图147、图148），也可能是经过修补的旧扶手椅，甚至是一堆砖块。现如今，低矮的凳子是贫困、失业或者无所事事、穷极无聊的代名词。虽说大部分矮凳都只是民间的普通坐具，但即便是最普通的凳子，也具有超越其低微出身的美感（图149、图150）。

不管凳子今天的地位如何，在历史上凳子并不比椅子低一等。上层社会人士的宅邸中经常能够看到硬木髹漆的凳类坐具。凳子同样是完美的室内家具，易于挪动，既可放置在主厅中也可以出现在女子的内室，均能搭配得体。在非正式场合，凳子还会被拉到方桌旁供进餐时使用，很多木刻版画中都有这样的场景（图9和图10）。如果需要舒适和保暖，还可在凳面上覆以软垫或织物。还可以把凳子搬到室外庭院或花园中，充当盛放物品的桌案或支架，甚至是用作梯子。

最初的凳子被称为"胡床"，一般认为出现于2世纪。当时，只有最高级别的将领在战场上指挥作战时才能使用这种坐具。虽然原本是为军事用途设计的，但这种功能性颇强的坐具后来被商人和生活闲适的上层人士改进之后另做它用。凳子用料简省，结构清晰，使用便捷，是中式家具的典范（图151）。传世的折叠凳（图152~154）数量很少，不过，在佳士得1992年的罗伯特·毕格史藏品拍卖会上出售过一件品相俱佳的折叠凳。与传统的藤编软屉不同，这件折叠凳的座面是木质的。由此推断，这件折叠凳除了作为出行坐具外，可能还兼作上马用的马凳。

虽说早在东周时期的青铜器上就雕刻有凳子的图案，但直到6世纪，凳子才在富人阶层中被广泛使用，很多考古

图148

图149

图150

图149
经典机凳，腿足向面板内缩进，1997年拍摄于云南。照片由米夏埃尔·沃尔夫提供。

图150
简单的带枨机凳及长凳，腿足均向面板内缩进，1998年拍摄于温州。照片由米夏埃尔·沃尔夫提供。

图151
简单的带枨机凳。来自新加坡的私人藏品。

图152
颇具地方特色的楠木折叠凳，制作于19世纪。来自新加坡的私人藏品。

图153
颇具地方特色的折叠凳，木材种类不详，市面上很常见，尤其是在山西省。黄志达的藏品。

图154
便携式折叠凳，同168年出现的原始样式很接近，区别在于，这件作品是用昂贵的黄花梨制成，且装有踏脚枨。制作于18世纪。照片由王就稳提供。

图151

图152

图153

图154

图155

图156

图157

图158

图159

图155
来自河南省的大座面鼓凳，黑色底漆，红漆纹饰。照片由台湾雅典襟艺术品管理顾问公司提供。

图156
黄花梨鼓凳，或称"坐墩"。制作于17世纪晚期。照片由毕格史夫妇提供。

图157
来自山西省的杌凳，形似酒坛，一木整做，木材种类不详。三个开口的边缘部分均雕刻有珠边线脚。制作于17世纪。照片由马可乐提供。

图158
来自江苏省的黄花梨仿竹方凳，制作于17世纪。黄志达为藏品。

图159
黄花梨直足裹腿罗锅枨杌凳。照片由黑国强提供。

发现可以提供佐证。凳子的用途之广要归因于其多变的造型和尺寸：矩形、方形、圆形，浅裂腿足和弓形腿足的，等等。最早的一些凳子实物是圆形或鼓形的。唐代的画作中还出现过女子坐在沙漏型凳子上的场景。图155中这个大座面髹漆鼓凳来自河南省。

宋代流行桶凳和鼓凳（图156、图157），这在当时的木版画中多有体现（图9、图10）。弯足的圆凳或侧面带椭圆形开口、整体近似球形的凳子也很常见。后者很可能是借鉴老式的藤编凳子设计出来的，这种凳子是通过将藤条弯曲做成4个圆圈，再将这4个圆圈固定在一起做出侧面而制成的。虽然绘画作品和木版画中最常见的是圆凳，但流传下来的却多是方凳或长方凳（图

158~165）。明式凳类坐具中最受欢迎的是双枨八字脚凳，腿足向面板内缩进，看起来就像是一张缩小版的酒桌。不过，上层人士使用的标准凳子样式是一件式带束腰牙条的高足凳。虽然有些杌凳，比如图160中的束腰长方凳（毕格史夫妇的藏品），没有任何装饰件，但罗锅枨很常见于杌凳（图159、图162）。来自浙江省的基础束腰款（图163）杌凳的设计则更为粗犷一些。

虽然工匠们多受到传统标准的掣肘，但偶尔也会有一些富于创意的作品问世。明代的文人雅士的审美标准更为严苛，喜欢利用树木的天然结构，尤其是多瘿瘤的树根，来制作质朴的坐具（图166）。清朝时期，精美的雕刻和华丽的装饰使得简朴的凳子变得高雅（图

图160

图161

图160
黄花梨束腰长方凳。制作于17世纪。照片由毕格史夫妇提供。

图161
来自浙江省的黄花梨直足禅凳，有回纹牙头，制作于17世纪。照片由王就稳提供。

图162
来自江苏省的黄花梨罗锅枨方凳，牙条与枨子间为"寿"字纹矮老。黄志达的藏品。

图163
来自浙江省的具有地方特色的基础款束腰杌凳。照片由台湾雅典襟艺术品管理顾问公司提供。

图164
黄花梨鼓凳。制作于17世纪。私人藏品。照片由英国著名古董商、藏家马科斯·弗拉克斯提供。

图162

图163

图164

图165

图166

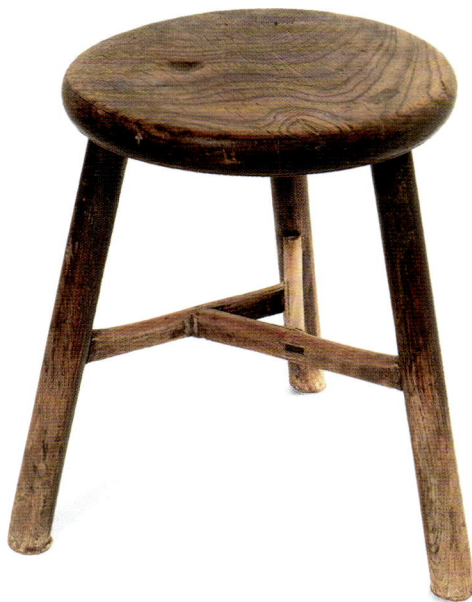

图167

图168

图165

来自华北地区的成对紫檀束腰回纹马蹄足长方凳，牙条上雕刻的卷叶纹为西式花纹。制作于18世纪。照片由冯耀辉提供。

图166

可能来自北京的圆凳，其腿足向面板内缩进，瘿木座面。照片由蒋霭玲提供。

图167和图168

来自山西省的清晚期榆木三脚凳，地方特色款。新加坡安董堂古典家具公司的藏品。

图169

来自浙江省的成对六角凳，雕刻有交错叠加的灵芝纹饰，比较少见，但本质上是双套环卡子花的变体，象征着双重福祉。照片由台

湾雅典裸艺术品管理顾问公司提供。

图170

图片展示了明天启年间小说《禅师忘言》中的内室场景。高足圆凳是供主人盥洗时使用的，而侍女则蹲坐在非常低矮的机凳上给盆中婴儿洗澡。图片由伍嘉恩女士提供。

图169

165）。地方的工匠还对凳子的造型进行了艺术化的修改，衍生了一些其他用途的凳子，比如高三脚凳以及颇具创意的理发凳（图167和图168）。图169中的六角凳，来自浙江省，这种样式的凳子在清晚期非常流行。

凳子的尺寸代表了使用者的社会地位。例如，富人家中供仆人使用的凳子要比主人的低矮许多。在图170所示的版画作品中，可以看到主人盥洗时所用的装饰精美的鼓凳，而侍女则蹲坐在低矮腿足的机凳上。再比如一个20英寸（约50厘米）高的方凳，使用黄花梨木制作而成，而另一个只有14英寸（约35厘米）高的方凳，则是使用软槐木制作的。还有一个只有9英寸（约22厘米）高的凳子，最初是农人使用的。这样的例子不胜枚举。

图171中的凳上凳，可能是说明凳子尺寸与使用者等级关系的最好例证。凳上凳的用法可能如下：女主人的"三寸金莲"放在上面的凳面上，而仆人蹲坐在下面的凳面上为其裹足。社会阶层越低的人使用的凳子越矮（图172）。

凳子的一种具有创新意味的衍生形式便是头枕（图173~175）。其形似凳子，但更小更矮，中部凹陷以便于脖子

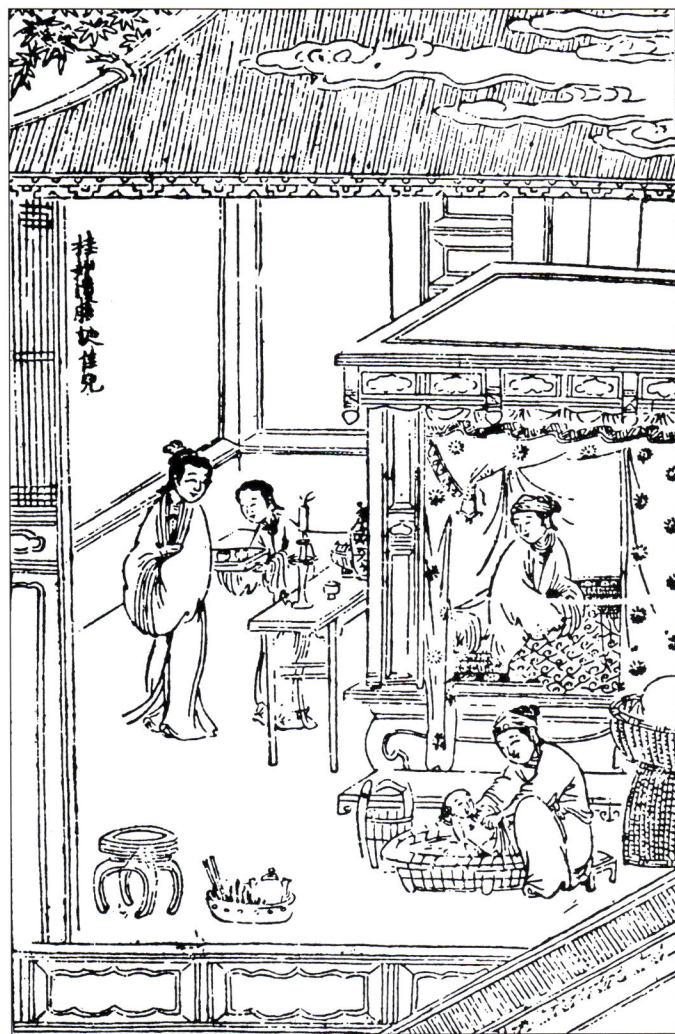

图170

图171

可以舒适地倚靠，腿足外展以便于将其固定。图175中展示的是经典的明式紫檀头枕，因其简洁雅致而备受青睐。清式头枕则是与明式完全不同风格，精雕细刻，外观华丽，比如图174展示的紫檀卷云纹头枕。

禅凳（图176、图177）是一种体型较大的方凳，较为低矮，有的带有靠背或扶手。这类凳子是专门为僧侣以莲花坐姿打坐参禅而设计的。

对长凳的历史沿革了解不深的人可能会想当然地认为，长凳就是放在餐桌旁供进餐时使用的普通坐具（图178、图179）。事实并非如此。虽说长凳有时用于进餐，但它的由来其实充满浪漫色彩：它是为爱与音乐而设计的。抚琴的乐师会坐在低矮的长凳上，而听众则会席地而坐倾听演奏（图180~184）。

长凳还可供家人围坐在一起欣赏戏曲表演（图185~187）。这种长凳的历史可以追溯到宋代，张择端绘制的《清明上河图》中就描绘了这种双人长凳。到了明代，《鲁班经》中记载，戏院专门为顾客设计了带有高靠背和素雅雕刻装饰

图172

图173

图174

图175

图176

图177

图171
紫檀凳上凳，可能是古时供女子裹足时使用的。黄志达的藏品。

图172
朴素的当代凳子，1996年摄于云南省。照片由米夏埃尔·沃尔夫提供。

图173
形似凳子的核桃木头枕。来自新加坡的私人藏品。

图174
来自北京的紫檀卷云纹头枕。制作于18世纪。该头枕可能曾经是清皇室后裔之物。照片由黑国强提供。

图175
紫檀头枕。是古董商黑洪禄最喜爱的私人藏品。照片由黑国强提供。

图176
黄花梨方禅凳。制作于18世纪。照片由毕格史夫妇提供。

图177
来自陕西省的黄花梨四面平禅凳，正顶出尖的壶门轮廓牙条。制作于17世纪。照片由王就稳提供。

图178

图179

的槐木长凳（图188）。这种精心设计的长凳与西方教堂里的靠背长凳很相似。山西省以露天活动数量多而著称，其中包括戏曲表演、典礼仪式以及乐曲表演等。因此，这类长凳以及交椅和折叠凳在山西省都很常见。流传下来的椅凳类坐具大多使用当地的软木制成，均为实木座面（图189）。

门凳（图190和图191）在中国曾一度颇为流行，不过现在已是风光不再。这种凳子通常用软木制成，比如柏木或榆木，但图190和图191中的几例作品是用昂贵的老花梨木制作的。使用硬木制作长凳是非常罕见的，这也说明了有些坐具是可以跨越等级鸿沟的。

图178
束腰八仙桌及两把凳子。克里斯托弗·诺托的藏品。

图179
来自山西省的明式桌凳。桌子牙头较小，为槐木材质，长凳为榆木材质。制作于18世纪。这里的桌凳本身不是一套，而是古董商蒋霭玲自己搭配的。照片由蒋霭玲提供。

图180
来自山西省的清晚期榆木长凳，带有雕刻纹饰。新加坡安董堂古典家具公司的藏品。

图181
黄花梨束腰长凳，经典的明式风格，牙条与腿足的曲线完美地融为一体，尽显雅致。制作于17世纪。照片由冯耀辉提供。

图182
山西省平遥县天元奎客栈内的束腰八仙桌和长凳。

图183
可能来自江苏省的榉木门凳，腿足外展成八字形。制作于19世纪。黄志达的藏品。

图184
来自江苏省的榉木长凳。制作于19世纪。黄志达的藏品。

图180

图181

图182

图183

图184

图185

图186

图187

图185

来自湖北省的清晚期四人长凳，设计灵感可能来自安娜女王双人椅。新加坡安董堂古典家具公司的藏品。

图186

来自山西省的三人折叠椅，制作于18或19世纪，木材种类不详，可能是供观看戏曲演出之用。此外还有双人折叠椅和四人折叠椅，都是山西省特有的坐具。照片由马可乐提供。

图187

来自山西省的清晚期榆木长椅，供看戏使用。新加坡安董堂古典家具公司的藏品。

图188

来自山西省的槐木长凳，专供顾客看戏时使用。制作于18世纪。照片由马可乐提供。

图189

来自山西省的榆木多人长凳，制作于18世纪。照片由傲斐艺苑（Altfield Gallery）提供。

图190和图191

老花梨门凳，北方风格，制作于18世纪晚期或19世纪早期。通常放置于房前，供炎炎夏日纳凉之用。照片由黑国强提供。

图188

图189

图190

图191

第6章
桌案

随着高型坐具的出现，桌案的高度也随之增加。起初，桌案都是非常低矮的（图192），人们在写字和就餐时不得不前倾身体。直到11世纪，桌案才得到改进，升至较为适宜的高度，也就是31~35英寸（约79~89厘米）这个范围。不过，桌案的形制在此后的几个世纪内几乎没有变化。一旦找到了合适的比例，工匠们就不会随意改动，因此桌案的形制在很长一段时期内都保持不变。

桌案是中国家庭大多数房间里的标配，尤其是书房。屋主通常会将一张体量较大的画案放在书房中央（图193），兼作书案之用，另外书房内还会配置用于存放书籍的书格和靠墙放置的供休憩的卧榻。供案则多是位于主厅的核心位置，并在其两侧放置小型条桌，在其前面放置一张方桌。

中式桌案的构造来源有二：古代的青铜祭案以及传统中式建筑中简化的梁柱结构。

最早的桌案以及简单的榻类家具在外观上同商代的祭案很相似。从春秋时期的墓穴中挖掘出土的文物里也发现过类似的木质祭案。而唐代的工匠借鉴了这些古代祭案的装饰性拱形设计，将其用于餐桌的改进。随着唐代桌案的不断演化，桌案的尺寸不断加大，这些特有的拱形设计被翘头边饰取代，而马蹄形腿足也开始在宋代盛行，这种演化痕迹在现存的明式桌案上仍有体现。

在工匠们开始在家具制作中融入建筑元素后，家具的制作实现了巨大的飞跃。经典画案的柱状腿足由牙条加以固定，其作用类似建筑中的托梁（图194）。圆形腿足向桌面内部缩进并八字形向下延伸，这是模仿了古建筑中房屋支柱以略微倾斜的角度插入房梁中的做法。明

图192（第80页）
河南巩义康氏庄园内的私塾。康氏男性子孙曾在图中的矮桌上练习书法，吟诵典籍。私塾先生的方桌是竹制的。

图193（上面）
明代著名的博学怪才徐渭的书房，内有石块铺就的地板、网格状的窗户、一张较大的画案以及一把四出头官帽椅。

图194

图194
两种常见桌案的部件展示。

图195
图为明万历年间戏曲《千金记》中的正式宴饮场景。狭长的条桌及椅子上覆盖了一层织物，宾客们坐在条椅或灯挂椅上。照片由伍嘉恩提供。

图196
清代榆木夹头榫画案，两侧为灯挂椅，前方为一小型炕案。克里斯托弗·诺托的藏品。

图195

代的建筑师以支架来加固屋顶，于是明代的家具工匠们纷纷借鉴这种技术，用牙头来加固桌面。

王世襄先生依据不同的构造原则将桌案分成两类：腿足凹进或缩进面板的称为"案形结体"；腿足与面板四角齐平的称为"桌形结体"。他还进一步将桌案划分为"有束腰"和"无束腰"两类。

桌案也可以按照功能进行划分。这样，可将桌案分为画案、条桌（图195）或酒桌、供案、方桌（八仙桌）、炕案、香几、闷户橱以及书案等。不过，即便是按照功能来划分也同样存在误导的问题，因为不同形制的桌案可以有多种功能。因此，最佳的分类方法是将功能与形制结合起来。

画案

宋朝时期，画案是上层阶级宅邸中的主要家具。画案造型简洁，腿足上端向面板内缩进，下端略微外展以增强稳固性（图196~207）。这种造型设计需要特殊的木工接合件。牙条通常是平直的，腿足间装有双枨进行加固。

同大多数中式家具一样，这些桌案也是一物多用：既可以作为室内的祭祀供案，也可当作书桌使用。体量较大的桌案被称为"画案"，它们既能作为文人的书案，也可用于练习书法、绘制画作和写作。知名的文人学者及藏家对画案尤为重视，经常在其上雕刻纹饰或绘制五颜六色的铭文。在王世襄所著的《中国古典家具》中收录的一张画案上，就刻有其最后一位拥有者爱新觉罗·溥侗于1907年题写的铭文，表明了这张画案的历史可追溯到1713年前后。

有些画案的面板是用厚独板制成的（图199）。不过，大部分的画案面板是以攒边打槽装板法制作的，因其充分考虑到了木料因温度和湿度变化引起的膨胀和收缩的情况，所以这种制作方法很流行。

不过，市面上常会出现一些变体画案，比如图201中所示的这件加长的黑漆榆木画案，其面板中部装有额外腿足以增加其稳固性。

图196

图197

图198

图199

图197
黄花梨及条纹乌木画案，形制异常宽大，面板由厚独板制成。右侧细节图展示的是这个画案简素的牙头。制作于17世纪。照片由毕格史夫妇提供。

图198
画案，每侧腿足间为单枨，面板为实木独板制成。照片由克里斯托弗·库克提供。

图199
画案，面板为厚独板制成，面板侧面及枨子上带有雕刻纹饰，较为少见。照片由蒋霭玲提供。

图200
黄花梨及楠木夹头榫画案，面板用整块楠木瘿制成，腿足略微外展，打洼，装有双枨，牙头上刻有凤纹。制作于17世纪。照片由毕格史夫妇提供。

图200

图201

图202

图203

图204

图205

图206

图207

图201

来自山西省的黑漆榆木画案，面板中部加装腿足以加固和支撑桌面。制作于18世纪。照片由傲斐艺苑提供。

图202

来自江南地区的黄花梨画案，粗大的牙角上雕刻有如意纹饰。腿足间的券口为仿竹式。制作于17世纪末至18世纪初。照片由冯耀辉提供。

图203

来自山西省的榆木霸王枨画案，带有装饰性牙头。制作于19世纪。照片由傲斐艺苑提供。

图204

黄花梨束腰霸王枨画案。制作于17世纪。黄志达的藏品。

图205

双枨画案，带有如意牙头。照片由克里斯托弗·库克提供。

图206

来自山西省的榆木髹漆画案，面板与腿足间有装饰性的拱形部件相连，形制较为罕见。制作于18世纪。照片由傲斐艺苑提供。

图207

来自山西省的槐木画案，双套环样式卡子花。可能制作于18世纪。照片由洪光明提供。

条桌或酒桌

条桌或酒桌其实是一种小型的案形结体（图208~220）。因其常用于摆放食物或酒水而被北京的工匠从案形结体中分离出来，成为一个独立的类别。虽说也有一些条桌的腿足与桌面四角的侧面齐平，但是这种条桌并不常见（图208、图209）。许多条桌的板面上镶嵌有石质板心，易于擦拭。不过，石质板心较重，因此这类条桌的腿足必须更为粗壮，或者需要在腿足间安装双枨进行加固。罗锅枨也是这类条桌腿足间的常见部件，能够增加其稳固性（图210）。条桌很受收藏家青睐，因其可以轻松地置于两把椅子中间，用于摆放茶具。有的条桌面板下额外设有搁板（图211），可以用来放置纸牌等简单物品，但这种桌子比较少见。还有用梧桐木制作的条桌。因为梧桐木导音效果极佳，常用于制作放置古琴或古筝等乐器的架案。因此，梧桐木条桌可能还兼作琴桌。

图208
来自福建省的鸡翅木四面平条桌，面板为蛇纹石质板心（见细节图）。制作于18世纪。照片由洪光明提供。

图209
紫檀束腰条桌。制作于18世纪。私人藏品。照片由英国著名古董商、收藏家马科斯·弗拉克斯提供。

图210
来自江苏省的束腰罗锅枨条桌，面板为整块黄花梨木制成。制作于17世纪。黄志达的藏品。

图211
来自浙江省的黄花梨条桌，面板之下另设有搁板。制作于17世纪。照片由王就稳提供。

图212
来自山西省的酒桌，面板木料为楠木瘿。制作于16世纪晚期。黑国强的私人藏品。

图213
来自山西省的明晚期黑漆酒桌。该酒桌为原漆原样，从未拆解。照片由黑国强提供。

图208

图209

图210

图211

图212

图213

图214

图215

图216

图217

图214
来自江苏省的清晚期鸡翅木条桌，槐木板心，元代风格。黄志达的藏品。

图215
紫檀夹头榫酒桌，槐木板心。制作于18世纪。照片由毕格史夫妇提供。

图216
来自江苏省的黄花梨条桌。制作于17世纪。黄志达的藏品。

图217
来自江苏省的黄花梨束腰条桌，曲线形牙条。制作于17世纪。黄志达的藏品。

图218
黄花梨四面平束腰条桌。照片由王就稳提供。

图219
柏木条桌，带两具小屉。制作于19世纪早期。黄志达的藏品。

图218

图219

四面平桌

四面平桌是明式家具简省风格的完美体现，腿足外侧齐平于桌面的四角（图221~223），而桌面通常由整块实木制成（图224）。这类桌案大多是作为条桌或供案使用。虽然看起来很结实，但实际上四面平桌并没有案形结体稳固（图225）。因此，四面平桌腿足间常安装霸王枨或罗锅枨进行加固。夹头榫桌案带有显著的建筑设计元素，而四面平桌的设计灵感却是来自唐代的箱式家具。四面平桌盛行于明代，最初的样式为纵向直枨和横向双枨。据柯惕思介绍，到了明晚期，新的木工接合样式出现后，四面平桌上几乎不再使用直枨。

虽然四面平桌较之其他样式的桌子稳固性差一些，但其简省的美学品位却令当今的藏家爱不释手。

图220

图221

图220
来自浙江省的黄花梨高束腰条桌，有暗屉三具。制作于17世纪。照片由王就稳提供。

图221
四面平条桌局部特写。照片由洪光明提供。

图222
黄花梨无束腰四面平条桌，面板为整块厚独木制成。制作于17世纪。照片由毕格史夫妇提供。

图223
来自山西省的黑漆四面平供案，制作于19世纪。照片由傲斐艺苑提供。

图224
黄花梨翘头画案，面板为实木厚板制成。照片由王就稳提供。

图225
来自浙江省的黄花梨圆足罗锅枨加矮老画案，制作于17世纪。照片由王就稳提供。

图222

图223

图224

图225

图226

来自湖北省的清晚期束腰弯足供案，雕刻复杂精美（见细节图）。新加坡安董堂古典家具公司的藏品。

图227

束腰弯足供案（足部细节见右图），所用木材种类不详。大概制作于18世纪。照片由洪光明提供。

图228

来自天津的成对紫檀束腰高脚方几，清中期至晚期的装饰风格。束腰镂雕卷云纹，牙条上刻有五蝠云纹，象征着好运。托泥非原装件，为后世更换之物。制作于19世纪早期。照片由冯耀辉提供。

有束腰桌

王世襄先生曾将桌案划分为两类：有束腰款（图226~228）和无束腰款。桌案面板与牙条间缩进的束腰能进一步增强桌案的稳定性，这类桌案常用于奉茶。大型供案是一种正式的有束腰桌案，仅供寺庙使用。大型供案形体巨大，陈设于神像前，案身配有长屉，用于存放香烛（图227）。一般认为，供案的起源可以追溯到公元前722—公元前481年间宗教仪式上使用的祭案。

供案或翘头案

在中国人传统的正厅中堂里，一张狭长的翘头案（图229~234）总是陈设于房中最醒目的位置。通常是紧邻主厅的后墙放置，墙上有悬挂的立轴，并有两把椅子分列两侧。到了清晚期，供案周围的陈设发生了改变。供案依然是靠墙摆放，但是其前面通常会放置一张小型方桌和两张条几。

在深受传统儒家文化熏陶的门庭里，这类翘头案常用作祭祖的室内供案。在民间，人们普遍认为，人死后，其部分魂魄仍驻留在牌位上，能为后人带来好运或灾难。因此，人们便将祖先牌位置于房间正中的供案上，墙上挂着祖先遗像，供奉香火以示缅怀，以求庇佑。富人家庭通常会建造家族祠堂来供奉先祖牌位和举办祭祀仪式。

虽说这类桌案常用于供奉，但是"供案"一词在某种程度上具有误导性。除了用于供奉之外，许多翘头案还用于放置祖传之物或小件装饰物品。器型较小的翘头案还可用于内室，多放在罗汉床旁作为条桌使用。

图226

图227

图228

图229

图230

图231

图232

图229
来自安徽省的黄花梨翘头案或条案。面板为实木厚板制成，托架状的牙条与腿足自然衔接，以加固桌案。牙头处雕有如意头卷草纹，侧面腿足间的饰板上雕的同样是如意头纹饰。制作于17世纪。照片由冯耀辉提供。

图230
夹头榫供案，腿足靠近地面处带托泥，近牙头处装有高枨，这个高度的枨子并不多见。黑国强的藏品。

图231
来自山西省的榆木夹头榫翘头案，带托泥，面板为实木厚板制成，如意纹饰牙头，侧面腿足间的饰板上镂刻有"卍"字纹。制作于清乾隆年间。照片由洪光明提供。

图232
来自山西省的湘妃竹及榆木供案，箱式竹质案架。案身上的格栅结构是由藤条编织而成。制作于18世纪。照片由马可乐提供。

图233
黄花梨带牙角翘头案，面板为实木厚板制成，侧面饰板上饰有透雕纹饰。照片由王就稳提供。

图233

图234
来自福建省的铁力木四面平翘头案。制作于18世纪，照片由洪光明提供。

图234

方桌

　　方具同样用途多样（图235~240）。它在中国古代的社交活动中是不可或缺的，常置于主厅的正中间，周围摆放椅凳类坐具，可供家人围坐就餐，也可用于待客，还可以放置于女子闺房中，当作梳妆台或供游戏之用。西方人就餐时喜欢使用比较正式的长方形餐桌，而中国人更加钟爱方桌，因为方桌更便于大家围坐交流，正如萨拉·汉德勒指出的那样，"在中式方桌上就餐，可以获得平等的社交体验。"

　　民间造型的方桌在宋代的《清明上河图》中多有体现。这幅画描绘的是汴京内汴河旁的繁忙集市景象，其中有市井走卒、商贾民众在河道两旁的酒肆茶坊内畅饮的画面。这一时期，中国的烹饪技术发展迅速，因此饮食文化也随之发生了改变：一改从前一人一桌、席地而坐的宴饮习惯，多人围坐在方桌旁就餐成了新风尚。这一时期，饮茶也成了

图235

图236

图235
来自山西省的柏木八仙桌及两把小杌凳。这张八仙桌是缩小版的，但比例没有改动。制作于18世纪。照片由蒋霭玲提供。

图236
来自山西省的清晚期榆木两用桌。在温暖的季节可当作餐桌使用，而在寒冷的季节将长腿足拆卸后可以当作炕桌使用。新加坡安董堂古典家具公司的藏品。

图237
来自苏州地区的成对黄花梨马蹄足罗锅枨方桌。制作于17世纪。照片由王就稳提供。

图238
来自山西省的榆木仿竹式方桌。制作于18世纪。照片由蒋霭玲提供。

图239
来自浙江省或苏州地区的鸡翅木方桌，弓背牙头。制作于18世纪。照片由王就稳提供。

图240
来自苏杭地区的方桌，牙头的镂空样式同早期建筑上的格栅结构很相似。照片由王就稳提供。

普遍的日常习惯，因此茶桌茶几开始走进普通人的生活。

据现有的资料显示，早期的方桌上都装有直枨以提供支撑。不过，随着时间的推移，直枨逐渐被位置较高的罗锅枨所取代（图237），这样人们落座后腿部可以有更大的活动空间。据汉德勒介绍，方桌中体量最大的是"八仙桌"。顾名思义，就是可以同时容纳8个人围坐在一起的桌子。不过，日常使用的大部分方桌都要小一些，可容纳4个人舒适地落座（图235）。

图237

图238

图239

图240

图241

图241
来自山西省的榆木炕几，两端卷曲造型。制作于19世纪。照片由傲斐艺苑提供。

图242
来自山西省的黄花梨折叠炕桌，供出行时使用。腿足间为双枨，有铰链相连，可折叠后置于面板之下。牙条上雕刻有翼龙纹及莲花纹，弯足末端下承莲花垫，雕有如意纹。制作于16世纪。照片由冯耀辉提供。

图242

炕桌

在中国北方，数九寒天的隆冬季节里，人们的居家生活都离不开"炕"。这个中空的砖结构平台，通过与炉子相连的一个烟道来供热。在这些用砖块垒起的高台上铺以软垫或毯子供人们舒适地倚靠或躺卧。与之配套的低矮桌案，即"炕桌"，可以令人们在暖和的炕上生活更为闲适。从某种意义上来讲，中国的"席文化"从未真正消亡，只是以另一种形式呈现而已。炕桌（图241~254）便是这样一种创新型的家具，使"席地而坐"这一古老习俗得以延续。

炕桌通常都很低矮，高度一般不会超过12英寸（约30厘米）。清朝时，这种矮束腰弯足的家具在中国北方是很常见的。缩小版的炕桌甚至可以摆放在罗汉床及卧榻上，以满足各种需要。

据柯律格教授介绍，炕桌在《鲁班经》或早期的家具鉴赏著作中均未提及，

图243

图244

图245

图246

图243
黄花梨炕桌，弯足为有力的兽爪造型，腿足顶部雕有兽面，牙条处雕有卷草龙纹。制作于17世纪。照片由毕格史夫妇提供。

图244
来自山西省的槐木炕桌，面板镶嵌石质板心，足端雕有卷云纹。制作于18世纪。照片由马可乐提供。

图245
来自华北地区的紫檀炕桌，壸门式牙条，短弯足。制作于17世纪。照片由冯耀辉提供。

图246
红木卷书足炕几，置于一张现代款的意大利德拉（Edra）折叠沙发上。来自新加坡的私人藏品。

这可能正是因为它过于普通和常见。人们可以坐卧在炕桌旁边，用餐、饮酒、做游戏，甚至读书习字。因此许多炕桌的面板边缘都设计有拦水线，以防酒水、菜汁或者墨汁沾染衣衫。

大部分炕桌是长方形的，这也是当今的收藏家们偏爱的形制，因其在现代家居中可以当作咖啡桌使用。此外，还存在其他形制的炕桌。有些方形炕桌的腿足部位是展腿式或可拆卸的，因此在夏季可放置在室外花园中兼作餐桌使用（图236、图242）。这也再次说明了，中式家具一物多用的特点。还有一种炕桌，腿足末端向上、向内卷曲，摆放在书房内作为书桌使用。这类桌案还可兼作演奏乐器的琴桌（图252~254）。

图247
来自山西省的炕桌，榆木髹黑漆面板，竹制侧面。制作于19或20世纪。照片由傲斐艺苑提供。

图248
来自山西省的黄花梨炕桌，带抽屉，用以存放游戏道具，具有独特的马蹄足。制作于18世纪。照片由黑国强提供。

图249
黄花梨炕桌。制作于17世纪。私人藏品。照片由英国著名古董商、收藏家马科斯·弗拉克斯提供。

图250
来自山西省的翘头炕桌。造型较为修长，为早期传统样式，腿足上雕有钩状凸起的柿子图案，牙条上刻有莲花图案。制作于约18世纪。照片由马可乐提供。

图251
黄花梨折叠炕桌。制作于17世纪。侣明室收藏，照片由伍嘉恩提供。

图252
来自山西省的核桃木炕桌，也可能是琴桌。制作于19世纪。图片由马可乐提供。

图253
来自北京的黄花梨卷足桌或琴桌。面板与侧板间通过燕尾暗榫连接。制作于17世纪。照片由冯耀辉提供。

图254
来自山西省的卷足炕桌，放置于书房炕上使用。侧板上的雕刻纹饰寓意为长寿。照片由蒋霭玲提供。

图247

图248

图249

图250

图251

图252

图253

图254

图255

图256

图257

香几、高脚茶几及花几

香在中国的祭祀文化和日常生活中一直扮演着重要的角色。无论是在虔诚地吟诵经文时，还是作诗、抚琴甚至行房之际都会用到。几个世纪以来，香炉都是摆放在小型桌案之上，其前供奉着神像或祖先画像。经典香几的主要功能是精神升华与实物展示。随着时间的推移，低矮的香几也在悄然改变。

当人们从"席地而坐"转向"垂足坐"后，香几也需要相应地增高加长（图255、图256），以便香气可以快速弥漫至屋内的每一个角落。元代香几的腿足修长，多呈三弯腿，下承圆形托泥（图257）。

据萨拉·汉德勒介绍，香几通常是摆在室内的中央位置而不是靠墙放置，这样方便人们从各个角度和方向观赏膜拜。这种小型桌案的发展史可以说是一个关于适应性的经典案例。唐代最早的香几是方形的，但到了清代，圆形香几却更为常见，现在香几的收藏品也是圆形居多。

明朝时期，高脚茶几盛行。这类几案腿足较高，多为弯足，面板下有束腰（图258）。这种茶几常成对出现，用于奉茶，不过小型的茶几仍作为香几使用。到了清晚期，这类桌案多放置在室内作为花几或石质和青铜器文玩的展示架使用（图259、图260），有时也会置于室外。

图255
红木罗锅枨高脚方几，可能是支撑绣架的承具。制作于18世纪。照片由陈鉴泉提供。

图256
成对的双层方几。克里斯托弗·诺托的藏品。

图257
黄花梨圆形香几。制作于17世纪。叶承耀医生的私人藏品。照片由伍嘉恩提供。

图258
黄花梨及槐木高脚方几。制作于17世纪早期。侣明室收藏，照片由伍嘉恩提供。

图258　　　　　图259　　　　　图260

架几案

所谓架几案，即两几共架一案。20世纪80年代之前，西方的收藏品中从未收录过大型的、案面可拆分的架几案（图261）。这可能是因为西方收藏家一直把这些古老桌案拆除面板后的框架同烛架及灯架混为一谈。美国堪萨斯市的纳尔逊－阿特金斯艺术博物馆就曾在一次展览中将一对架几案错写为灯架。由于这类桌案的框架与案面是分体的，拆分后余下的框架常被当作香几使用，因此现今存世的架几案数量极少。

据古董商陈鉴泉介绍，狭长的架几案常用作供案，但后来增加了暗屉，用来保管钥匙或者其他贵重物品（图262）。暗屉一般是设在框架上，而不是面板上。在古代，器型较小的架几案有时还用作郎中诊病的桌案，常出现在医馆之中。

图261

图262

图259
黄花梨香几或花几。制作于18世纪。私人藏品。照片由英国著名古董商、收藏家马科斯·弗拉克斯提供。

图260
来自山西省的黑漆方几，香几或花几的变体。制作于19世纪。照片由傲斐艺苑提供。

图261
黄花梨架几案，器型较大，案为原漆。制作于17世纪。来自新加坡的私人藏品。

图262
带暗屉架几案。这类架几案在古代也用作医馆内郎中诊病的桌案。照片由克里斯托弗·库克提供。

图263

图264

图265

闷户橱

闷户橱常用作室内供案，但可能也用于存放诸如厚重的冬装或特殊场合穿着的长袍等物品（图263~269）。许多闷户橱还设有暗仓，即"闷仓"，用来存放珠宝和其他贵重物品。图265中的闷户橱同西式的梳妆台有些类似，上面是一排小抽屉，下面是大一些的储物柜。

闷户橱是古代嫁女时常常定制的陪嫁，称为"嫁底"，橱身常带铭文。马可乐在其所著的书籍中曾介绍过一个槐木及白杨木制成的闷户橱，在橱柜内部一处隐蔽的地方有一段很长的铭文，详细介绍了这个闷户橱是由一个叫常云的人以十两纹银购于康熙二十四年（1685年）。柯惕思认为，"由于闷户橱是嫁妆的一部分，因此男女双方家庭成员聚在一起且有闷户橱的'吉祥场合'可能是订婚仪式。"

伦敦维多利亚和阿尔伯特博物馆远东系列展品中最吸引人的桌案是一张带有雕刻纹饰的髹朱漆桌案，它的历史可以追溯到明宣德年间。柯律格教授认为，这张桌案是一个过渡性的产品，展示了闷户橱是如何从一张简单的桌子演化成上带抽屉下带柜子的形制的。

现存史料中关于闷户橱的记载不多，一般认为，由于闷户橱多为女子闺房之物或做仆从存放衣物和日用品之用，所以很少引起学者的关注。事实上，有些古董商会将不太精美的闷户橱当作厨柜处理。

还有人认为，闷户橱也曾用于家庭供奉，因为许多面板两端都带有翘头部分。大型闷户橱一般用于主厅或内室，而小型闷户橱有时会在寒冬季节置于炕上使用（图263、图267）。

图266

图267

图263
来自山西省的小型闷户橱。照片由台湾雅典褛艺术品管理顾问公司提供。

图264
来自河北省的黑漆榆木闷户橱，也可以作为供案使用，是经典的北方家具风格，制作于18世纪。照片由傲斐艺苑提供。

图265
核桃木闷户橱，也可以作为供案使用。上面的三具抽屉和下面的柜子是用来存放日常生活用品或香烛的。橱身素面，没有任何雕刻纹饰，侧面较为宽大，是典型的甘肃省家具风格。制作于19世纪晚期。照片由傲斐艺苑提供。

图266
来自山西省的槐木及柏木闷户橱，颇具地方特色。桌案般的造型，带抽屉，腿足间设有储物暗仓。抽屉面板上刻有神秘的天马纹饰。此外，橱身上还雕刻有水牛纹和花卉图案，可能是在展现中国北方游牧民族的生活场景。制作于17世纪。照片由马可乐提供。

图267
来自山西省的榆木闷户橱，此款是置于炕上使用的。制作于19世纪早期。照片由傲斐艺苑提供。

图268
来自山西省的黑漆闷户橱。制作于18世纪。照片由傲斐艺苑提供。

图269
来自浙江省的黄花梨带屉闷户橱，造型简洁。制作于17世纪。照片由王就稳提供。

图268

图269

图271

图270

圆桌

　　在清中期之前，圆桌常常是由摆在厅堂内的两张半月桌（图270~273）拼在一起形成的，而整体的圆桌并不常见。圆桌通常放置于园林中，作为较重的仪式用品的承具。器型较小的圆桌出现于19世纪早期，后来尺寸不断变大。在苏州的许多园林里，有时会使用较大的圆桌奉茶待客。在苏州现存最大的古典园林拙政园里便有一个基于这种用途、带纹饰牙条的圆桌，被优雅地置于厅堂之中，其周围还放置了数个圆凳。还有一款变式圆桌，仅在面板中部之下有一根支柱，再无其他的腿足。

　　通常来讲，圆桌都是由两张半月桌合在一起拼成的。到了清晚期，这类桌案的腿足造型开始变得不同寻常。比如有一种卷足的圆桌，其腿足末端状如卷起的莲叶。图274和图275中的红木圆桌在设计上显然是受到了西式风格的影响，可能是专门为外销而设计制作的。

图270

来自山西省的核桃木半月桌，双层牙条设计，上牙条雕有如意纹（山西省的典型风格），下牙条镂空设计（见细节图）。制作于18世纪。蒋汉娜的藏品。

图271

来自山西省的半月桌，足端带枨，下承托泥，带有纹饰。虽然是制作于18世纪的家具，但其上的纹饰样式颇为古老。材质可能是梨木，密度很大，雕刻效果很好。照片由蒋霭玲提供。

图272

成对半月桌。照片由王就稳提供。

图273

来自山西省南部地区的黑漆核桃木半月桌。三弯腿足造型独特，足端卷曲并上翻雕有镂空叶状纹饰（见细节图），下承木质小垫。多陈设于厅堂内。制作于18世纪。蒋汉娜的藏品。

图274

黄花梨高束腰六角香几，牙条雕有云纹及卷草纹。这件雕刻精美细致的明式香几可能是由一位商人而非文人定制的。大概制作于17世纪。照片由伍嘉恩提供。

图275

来自江苏省或上海市的红木圆桌，面板镶嵌大理石板心，腿足末端带有卷曲如意纹。这张圆桌是东西方文化合璧的产物。黄志达的藏品。

图272

图273

图274

图275

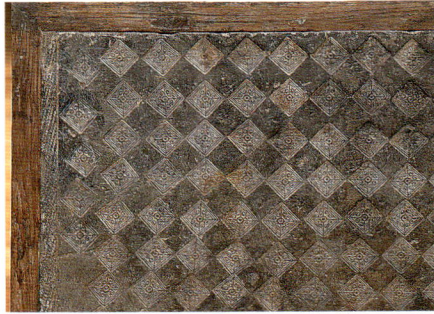

图276

琴桌

由灰砖制成的琴桌面板据说可以让古琴的音质更纯。虽然灰砖琴桌曾经风靡中国的大江南北，但现今已不多见，尤其是用墓砖制作面板的琴桌，更是少之又少。图276中所示的这张琴桌，饰有菱形象眼花纹，其面板便是镶嵌墓砖制成的。

在古代，琴桌面板多用灰砖制成，但是现在市面上的琴桌可能多是近代经过修复后推出的。有的琴桌会设计一个中空的部分，不管是掏空砖心还是木料，都可以在操琴时产生更好的共鸣效果。一般来讲，琴桌较之条桌更为低矮，也更细窄，腿足末端通常是向上向内卷曲的造型（图252）。

棋桌

唐朝时期，围棋盛行于上层阶级。有一张镶嵌细工的紫檀方形棋桌流传于世，曾是与唐朝同期的日本圣武天皇的旧物。明朝时期，棋类娱乐活动变得越来越流行，因此大量供围棋、双陆棋和象棋使用的方桌和矩形桌应运而生（图277、图278）。有些特制的桌子还配有桌板，因此可以兼作餐桌供社交活动使用。萨拉·汉德勒认为，这类桌子同现今西方人使用的便携式牌桌本质上是相同的。

图276
榆木明式琴桌，腿足末端下承托泥，镶嵌有空心墓砖，以便于抚琴时产生共鸣效果（见细节图）。大概制作于16世纪。照片由蒋霭玲提供。

图277
来自江南地区的楠木及榆木棋桌。制作于20世纪早期。照片由洪光明提供。

图278
来自江苏省的棋桌，红木框架，面板镶嵌瘿木板心。制作于19世纪。黄志达的藏品。

图277

图278

带抽屉的桌案

　　直到清晚期，带抽屉的桌案才开始普及，这显然是受到了西方文化的影响（图279~282）。抽屉多是用来存放笔墨纸砚等书法绘画工具的。市面上有多种带抽屉的桌案，大都来自广州和宁波地区，而且产量很大，可能是用于外销，也可能是受到旅居当地的外籍人士的影响，甚至远在北京的紫禁城中也配置了这类桌案。19世纪晚期至20世纪早期的架几案仅在两侧有暗屉。这类桌案常作为医馆郎中的诊桌使用，可能是因为郎中需要更多的桌面空间，而不是像商人那样需要很多抽屉（图279、图280）。抽屉上的锁具有时呈展翅的蝙蝠形状，寓意为福寿永绵。

图279

图280

图281

图282

图279
来自宁波的红木及榆木桌案，类似架几案，常用作郎中的"诊桌"。制作于19世纪晚期或20世纪早期。照片由傲斐艺苑提供。

图280
来自山西省的核桃木桌案，设计中可见明显的仿西式风格，但仍具有鲜明的中国特色，比如底部的格栅结构。在19世纪的广州地区，这类桌案非常流行，常用作"诊桌"。照片由马可乐提供。

图281
来自浙江省的柏木桌案。制作于20世纪。蒋汉娜的藏品。

图282
来自上海的桌案，由两种色调的木材制成。底部格栅结构的搁板样式是受到西方风格影响的产物。照片由台湾雅典襟艺术品管理顾问公司提供。

第7章
床具

传统的中国床具绝不仅仅是睡觉用的家具，而是一个多功能、全方位的平台。人们既可以在床上斜倚、宴饮和用餐，又可以吟诵经文、参禅悟道。它还是男女不同分工的象征。对男子来说，床是一个实用性很强的家具，主要用于阅读学习和睡觉休息；而对富有家庭的女子而言，床意味着一切，它是女子嫁妆中最重要的组成部分，在婚姻存续期间甚至是离婚后，床始终归其所有。

明清时期，男权占据主导。房屋宅邸按性别进行了区域划分。占据前厅的男子们可以自由出入，而女子则只能在后院内室中活动。受制于"裹脚"等封建传统，女子实际上成了内室的囚徒。因此，床就成了她们的活动中心。随着天蓬床周围的帘帐落下，床就成了夫妻行房的场所；而当帘帐拉开、床品收起并摆放好桌案后，床便是女子的私人会所。松软的长枕、坐垫以及精美的炕桌为女子的床上生活增添了奢华之气和舒适感，让她们可以闲适地用餐、游戏或刺绣，以消磨时光。如果说太师椅是男子权力的象征，那么天蓬床（图283、图284）或架子床便是女子家庭地位的体现。而地位的高低从床具的制作工艺上

便可见分晓。若是得宠，其天蓬床必定装饰华丽，镶嵌有珍珠母或装有精美雕刻的绦环板。《红楼梦》里有一个章回就曾描述过这样一张天蓬婚床，床周围覆以紫纱帐，用于营造浪漫的气氛。由于夫妻房事大多是在女子的内室进行的，床具在繁衍子嗣中扮演了重要的角色，

因此，首要的是，床具的尺寸要合适，然后床体的雕刻纹饰也要富含寓意，比如多雕刻象征永生、幸福、长寿和财富的梅花及蝙蝠等纹饰。相比之下，描述男子卧室内部的文献记载却不多见。我们只知道，有一种狭长的、称为"卧榻"（图285）的床具可以被随意挪动到书房

图284

图283（第102页）
可能来自江苏省的榉木天蓬床。制作于1850年左右。来自新加坡的私人藏品。

图284
来自山西省的榆木及樟木天蓬床。制作于18世纪。照片由洪光明提供。

图285

图286

图287

或庭院。而体量较大，且三面带围子的"罗汉床"（图286），由于其过于沉重难以挪动，所以一般都是置于书房或内室的固定位置。

床具的原型可以追溯到陕西出土的一件约公元前1000年的青铜箱式平台，现存于纽约大都会艺术博物馆内。这个青铜平台最初是祭祀仪式上所用礼器和祭品的承具，用以增加礼器的高度，后来演化为仪式平台。汉朝时期，低矮的平台下出现了腿足，被称为"榻"。到了唐朝时期，工匠在此基础上制作了类似的木质家具。江苏省出土的一件五代十国时期的卧榻形制非常罕见，其箱式的长凳状主体具有6根扇形腿柱，足端以枨相连。随着时间的推移，榻下腿足的数量减少至4根，连接腿足的枨子也消失了。明朝时期，床具通常配有4根实木腿足，足端通常雕刻精致的马蹄造型，这是唐代床榻腿足保留下来的痕迹。虽说大部分的床具腿足均为马蹄足造型，但也有些经典款式的床具腿足是圆足（图287）。这些早期的床具都是出类拔萃的文娱平台。最初的床榻长度可

图285
来自山西省的榆木圆足卧榻。大约制作于18世纪。照片由洪光明提供。

图286
榉木罗汉床，三面实心围子。制作于18世纪。照片由陈鉴泉提供。

图287
来自山西平遥的核桃木圆足卧榻，内置储物柜，是早期风格的形制。牙条上的雕刻样式同老式方桌牙条上的纹饰很相似。这类应该不是出行时使用的床具，因其内置的用于存放钱财及文书的柜子过于厚重，不便于携带。照片由蒋汉娜提供。

图288

图289

图290

图291

达2米，古代书画作品中常常可见乐器和文房四宝等娱情之物置于床具上。

床具在中式家具中占据重要地位，是与建筑形制最接近的家具。柯惕思认为，"床具是大型木结构房屋与放置于内的小型轻便桌案、椅凳及箱柜间的过渡类型。"

榻

在西方人眼中，榻犹如一个大号的长凳（图288~291）。榻作为中国古代最常见的床具，在西方却没有对应的形制。它源自中国，最初较为低矮，经过几个世纪的演变，榻与地面的距离不断拉大，达到16英寸（约41厘米）高。除了山西省还有一些古风浓郁的原始的低矮榻外（图291），中式家具中此类家具几近绝迹了。现存的榻便成了我们研究其历史的重要依据。

学者中有些人对"罗汉床"这一品类曾有过诸多困惑。为何称其为"罗汉"？是否有围板？罗汉床与榻的区别是什么？据北京学者田家青介绍，罗汉床是用来躺卧的家具，而原始的榻更为短小，通常是用来坐的。不过，到了明朝时期，榻的形制发生了改变：高度和长度都有所增加。在中国中部和北部地区，有的榻甚至达到了20英寸（约51厘米）高，长度也增加了。在用途方面，榻和床也有交叉，不易区分。若将罗汉床置于文人学者的书房，那么它就是用来坐的，这一点同榻很相似。而榻，因为没有围子或天蓬的束缚，相对较轻便，易于挪动，因此常搬至室外供阅读和躺卧之用。榻的座面多为藤编软屉，为坐于其上的人提供了一定的弹性和伸展性，因此，同硬质座面相比，舒适性要更好。如果为榻安置了扶手和蚊帐，这样的榻就成了下棋或抚琴的理想平台。

图288
黄花梨榻。照片由王就稳提供。

图289
核桃木榻，竹条板心。榻较为低矮。制作于17世纪。照片由台湾雅典襟艺术品管理顾问公司提供。

图290
来自苏州地区的桑木榻，藤制软屉。制作于18世纪。照片由黑国强提供。

图291
来自山西省的榻，木质板心。照片由台湾雅典襟艺术品管理顾问公司提供。

如果说中式家具中有一个品类能够不断调整自身以适应当代人的使用偏好，那就非低矮的榻莫属了。现在，许多榻已经演变为亚洲风格家居中宽大的咖啡桌。

图292

图293

罗汉床

对于慵懒的人来说，只能坐的榻类家具确实是个挑战，而带有靠背和扶手的罗汉床（图292~298）要好很多。后者不仅能倚靠，还是个不错的娱乐平台。其三面围板的设计还可以在寒冷的季节挡风。史料证实，这可能也是为罗汉床设计围板的初衷。汉代时，有能力购置大型屏风的人家都会将其置于夜晚入睡时使用的矮榻旁边，以阻挡冷风。因此，在原始的榻上添加固定的围板也就在情理之中了。

起初，罗汉床的围板三面等高。到了元代，出现了新的样式：侧面围板的高度略低于后背靠板的高度。明朝时，罗汉床的形制已臻成熟，后背靠板略高

图294

图295

于侧面围板的制式成为标准样式。虽
然许多黄花梨材质的侧面围板均为实
心构造，但也不乏带有复杂几何图案
的格栅式围板（图293），以及带有精
细雕刻纹饰的镶板式围板（图296）。罗
汉床面多为藤制软屉。中国南方出产的
罗汉床一般较为厚重，围板上常镶嵌大
理石板心。这类罗汉床是当今收藏家极
为钟爱的类型，且多置于客厅中当作沙
发使用。

图296

图297

图298

图292
清晚期榆木罗汉床，三面围板透雕拐子龙纹，
三弯腿卷珠足，下踏圆垫。原始漆面，但床
屉曾经更换过。克里斯托弗·诺托的藏品。

图293
清中期榆木夹头榫罗汉床，围子呈独特的格
栅结构。周身的包浆光泽均匀一致，但也有
不止一处修复过的痕迹。克里斯托弗·诺托
的藏品。

图294
来自山西省的榆木罗汉床，三面素板，三弯
腿，髹黑漆。传统风格，雅致美观，靠背板
上沿略呈罗锅形，侧面围板曲线柔和。制作
于18世纪。照片由马可乐提供。

图295
黄花梨罗汉床。黄志达的藏品。

图296
来自山西省的罗汉床，围板上浅浮雕圆形纹

饰。照片由台湾雅典褉艺术品管理顾问公司
提供。

图297
罗汉床，立柱式围板，带落地枨。照片由克
里斯托弗·库克提供。

图298
来自河北省的榆木罗汉床，双套环造型围
板。制作于18世纪。蒋汉娜的藏品。

图299

天蓬床和拔步床

在河南省和湖北省出土的中国最早的床具来自约公元前316年，是便携式的，看起来很可能曾带有大型天蓬。不过，目前出土的较为完整的天蓬床架实物只能追溯到西汉时期：刘胜的墓穴中曾出土这类床架。

在床的四周框架上安装4~6根一直延伸到上方的立柱，其顶端以枨子相连形成一个木质框架，再配以纱帐或织锦帐由上一垂而下，这便是天蓬床（图299~305）。夜幕降临后，垂下的幔帐营造出蚕茧一般的私密空间，那是夫妻的亲密爱巢；旭日东升后，拉开帘帐，以丝质线绳系拢后挂在立柱的吊钩上，就形成了一个优雅的休憩娱乐空间。

同罗汉床一样，天蓬床的围板装饰也是从朴素到华丽，风格多样。早期的西方藏家最为青睐的纹饰是连续的"卍"字几何图案，费城艺术博物馆就收藏有

图300

图301

图302

图299
来自江苏省的榉木六柱天蓬床，几何图案格栅造型围板，上楣板开鱼门洞。制作于18世纪晚期。黄志达的藏品。

图300
来自山西省的六柱天蓬床，腿足向内缩进，此形制非常罕见。照片由台湾雅典裱艺术品管理顾问公司提供。

图301
来自山西省的黑漆榆木四柱天蓬床。早期传统样式，原始的厚重黑色漆面大部分仍清晰可见。床顶的"承尘"为两块盖板拼接而成，其周围装饰性的楣板带有细长的海棠式鱼门洞，床身束腰上也带有长条海棠纹饰与之呼应。C形弯足与立柱交接处下踏圆垫。制作于17世纪。照片由马可乐提供。

图302
来自华北地区的黄花梨束腰六柱天蓬床，楣板为镂空绦环板。围板上透雕螭龙纹以及象征长寿和财富的"寿"字纹和"福"字纹。三弯腿足，上端刻有兽头，下端为兽爪。制作于18世纪。照片由冯耀辉提供。

图303

一张明式"卍"字纹的天蓬床。不过，其实天蓬床的雕刻纹饰种类繁多，比如象征女子美好容颜的梅花、代表男性生殖力的龙纹以及交媾的委婉表达"云雨"纹饰等。

明朝晚期，一些富裕人家将天蓬床升级，在床四周增加围廊，形成"房中房"，这种床被称为"拔步床"。有的拔步床的床体及围廊是一体的，统统置于一个封闭的木质平台上，而有的围廊是独立的，图306中这张来自福建省的拔步床便是如此。这张髹漆贴金拔步床为福建省一个富庶家族所有，几经波折后被运送到香港得以保存。在新加坡和马来西亚也发现了相似的床具，复杂精美的雕工、通体髹朱漆、镀金箔，在当地被称为海峡中式床。

图303
来自浙江省的清晚期六柱天蓬床，红漆镀
金。新加坡安董堂古典家具公司的藏品。

图304
可能来自上海的红木四柱天蓬床，制作于民
国初期。新加坡安董堂古典家具公司的藏品。

图305
黄花梨六柱天蓬床，楣板上透雕珠状灵芝
纹，围板上为几何图案纹饰。制作于16世纪
晚期至17世纪早期。叶承耀医生的私人藏品，
照片由伍嘉恩提供。

图306
来自福建省的红木及黄杨木拔步床，雕工精
细。这张床为某家族祖传之物，至今仍为该
家族之人所有。制作于19世纪。私人藏品。

图304

图305

图306

第8章
柜架类

中国传统房屋的设计中没有内置的壁橱，因此衣物及被褥均需折叠起来，以便能够平整地放入大柜子中。画作也同样需要卷起以存放于橱柜当中。这些柜子通常是摆放在女子的后院内室以及存放官袍的厅堂中。这些柜架类家具因其功能性突出、造型雅致以及装饰美观（图307~309）而备受世人青睐与追捧。若能将木料纹理的天然美感与整体设计和装饰纹饰融为一体，那么这样的家具堪称极品。

从外观和造型上区分，柜架类家具大致可分为3种：方角柜（图308）、圆角柜——也称为大小头圆角柜（图307）或圆角木轴门柜以及架格（也称为展示柜）。不过，这种分类方法也不能囊括所有，实际上有许多变体特例，比如图310所示的榆木柜，体形高挑，带一扇隐藏暗门，是香港古董商蒋汉娜从河北省收购的。有人可能认为，这扇暗门是为方便从事不法活动设计的，但是蒋汉娜认为，这个柜子可能是用来隐藏密室

入口或者墙内的保险箱的。

在19世纪之前，许多柜子的门扇都是可拆卸的，以便于移动柜子。门轴上的合页其实是由传统的榫卯接合件演化而来，是中式家具的经典特征。

对于这种造型的家具，相邻两个门扇上的木料纹理能够对称是保证家具品质的关键。此外，藏家同样对扇形柜帽和底部牙条的线脚造型非常在意。原装青铜锁具的面叶、锁销、拍子以及拉手或吊牌都可以增加柜子的收藏价值。

图307（第112页）
一个大小头圆角柜以及一张条桌，位于柯惕思上海的家中。

图308
方角柜，安装有圆形黄铜锁具面叶及两个吊牌。克里斯托弗·诺托的藏品。

图309
定制款架格局部特写，具有仿古纹饰的绦环板，照片拍摄于马可乐在天津的家中。

图308

图309

图310

图310
来自河北省的榆木柜，门扇为镂空几何图案纹饰，带有隐藏暗门。这扇暗门可能是密室的通道入口。制作于19世纪。照片由蒋汉娜提供。

图311
来自北京的紫檀、黄花梨及楠木方角柜，工艺精湛。绦环板上浮雕龙纹。制作于18世纪。照片由冯耀辉提供。

方角柜

这类矩形的储物柜因其方正的柜顶转角样式而得名"方角柜"。方角柜体量较大，不过腿足间的设计和门扇上的装饰性锁具面叶稍稍缓解了方角柜视觉上带给人的压迫感（图311、图312）。方角柜几乎总是成对出现（图313、图314），要么靠着房间里相对的两面墙壁摆放，以营造一种平衡感，要么是靠着同侧墙壁放置，中间以一桌案隔开。方角柜的主要用途是存放衣物。

许多方角柜都会髹漆并添加景物纹饰（图315、图316）。开阔平整的门扇就像是展开的画布，让匠师们欲罢不能。北京贵族阶层使用的方角柜多为镶嵌珍珠母的黑色珐琅饰面，这一地区的民间方角柜饰面更为艳丽，雕刻也更加精细。山西和福建地区的方角柜则多髹朱漆并饰以描金点缀。

有一件来自山西省的古色古香的方角柜，其上的绦环板样式颇具早期晋文化（始于公元前11世纪，周成王封其弟叔虞为唐侯，后叔虞之子改唐为晋）的特征。"晋文化"现已成为山西地区"奔放的游牧风格"的代名词。这类柜子通

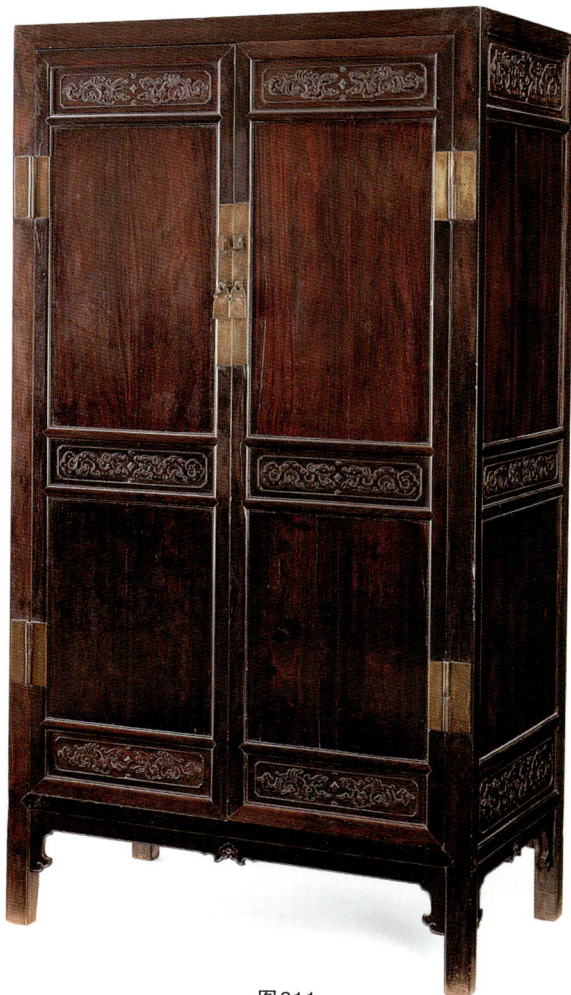

图311

图312

图313

图314

图312

来自华北地区的紫檀及黄花梨方角柜，器型较大。该柜购于甘肃省武威市，不过可能是由古时某位高官或穆斯林富商带至武威，而并非出自本地。弯足，正面牙条以及边框上均浮雕奇珍异宝纹饰，其间点缀飘扬的丝带和神兽图案。制作于17世纪早期。照片由冯耀辉提供。

图313

黄花梨方角柜，下承架座，是闽南、江苏等地的常见样式。照片由王就稳提供。

图314

来自陕西省的成对榆木方角柜。这种造型是山西、甘肃以及陕西等省份的典型样式。制作于19世纪。照片由傲斐艺苑提供。

图315

图316

图317

常具有醒目的雕刻纹饰及弯足，也被称为"绦环板柜"（图315），周身髹黑色和红色漆。其他变体样式也很多（图316~323）。比如图316所示的连体双柜，镀金髹黑红漆。再比如清晚期时，在沿海地区出现的一种变体方角柜，器型较小，可能被当作床头柜使用（图317）。

图315
来自山西省的绦环板柜，可能曾经整体髹黑漆。照片由台湾雅典襟艺术品管理顾问公司提供。

图316
连体双柜，镀金髹黑红漆。柜身描金彩绘，底部牙条曾替换过，这也是这类家具常见的修复方式。照片由傲斐艺苑提供。

图317
来自浙江省的变体方角柜，器型较小，可能被作为床头柜使用。照片由台湾雅典襟艺术品管理顾问公司提供。

图318

图319

图320

图318
来自甘肃省的成对核桃木储物柜，朴素的雕刻纹饰，弯足。制作于19世纪晚期。照片由傲斐艺苑提供。

图319
来自山西省的樟木顶箱柜。制作于19世纪。照片由洪光明提供。

图320
来自浙江省的清晚期柜子，髹黑红漆。虽然古董商常称其为食物储存柜，但很显然，这个柜子不是用来存放食物的。阿曼达·克拉克认为，这个柜子很可能是摆放于备餐区用来存放陶瓷餐具的，类似于现在西方人使用的餐具柜。新加坡安董堂古典家具公司的藏品。

此外，还出现了一种加长的方形柜，这
种柜子外观上介于方角柜和闷户橱之
间，可能是置于炕上的储物柜，可以称
之为"炕柜"。

《鲁班经》中还介绍过一种被称为
"药橱"的方角柜。药橱相比标准的方角
柜要更低、更宽一些（图321、图322）。
药橱上面整齐地分布着若干个可拉出的
小抽屉，用以存放中草药。现在，这种
功能性颇强的橱柜经过重新改造后已另
作它用，比如存放 CD。这也是当代家
具贸易商惯用的营销策略。

方角柜上的五金件通常为黄铜或合
金的，并通过细小的销钉固定。虽然五
金件经常被无视，文献记载也很少，但
是这些配件却有着重要的美学作用（图
323~325）。方角柜正面的黄铜面叶可以
将观者的视线集中于中央，而不是在扫
视整个方角柜后，发现找不到焦点。若
是遇到蹩脚的修复师草率地替换原来的
五金件，那么一件雅致的家具可能会被
整个毁掉。

图321

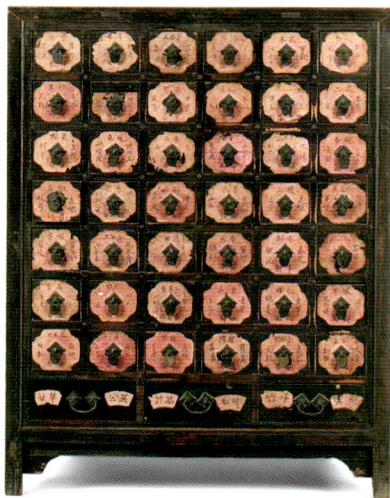

图322

图321
来自山西省的清晚期药橱。新加坡安董堂古
典家具公司的藏品。

图322
来自山西省的药橱。药橱通常由槐木和白杨
木制成，但这个药橱的材质是槐木和核桃
木。河北和山东两地的药橱样式与之类似。
制作于18或19世纪。马可乐的藏品。

图323
成对的黄花梨方角亮格柜。制作于16世纪晚
期至17世纪早期。照片由伍嘉恩提供。

图324
黄花梨顶箱柜，四个门扇浑然一体，带有原
始"铜活儿"。可能来自山西省，制作于17
世纪。照片由王就稳提供。

图325
来自河北省的樟木顶箱柜。樟木柜在北方尤
为常见，多用于存放毛皮以及其他厚重的衣
物。制作于19世纪。照片由傲斐艺苑提供。

顶箱柜

在标准尺寸的柜子顶部叠加宽度尺寸相同但体量较小的箱柜，这样的组合柜统称"顶箱柜"（图324、图325），顶具上下柜的用途被明确的划分。顶柜用来存放帽子或过季的衣物，而底柜用来放置当季的衣服和被褥等床品。顶箱柜是大件的中式家具，有的甚至需要踩着梯子才能取用顶柜中的物品。因此，顶箱柜常常在房间中独占一方。

图325中的圆形黄铜合页、黄铜面叶和梨形（"梨"寓意运气和兴旺）把手都是顶箱柜的显著特征，同木质门扇的美观与质朴形成鲜明对比，非常雅致。

图323

图324

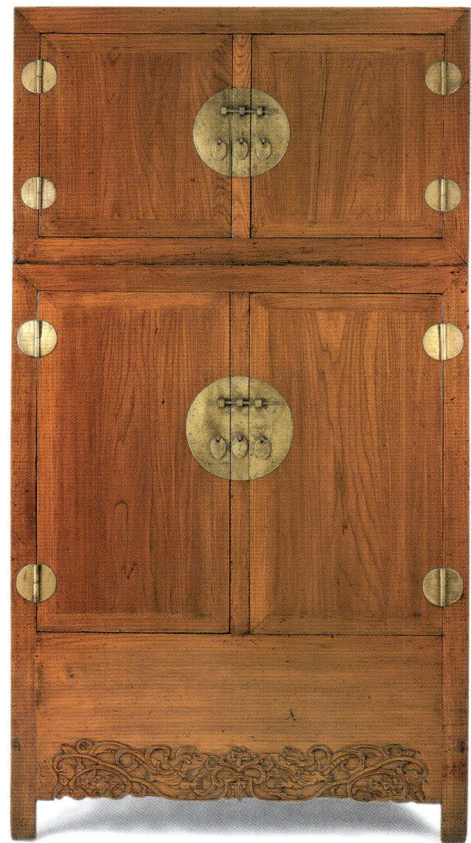

图325

圆角柜

圆角柜与方角柜比起来，轮廓更为柔和。两者结构基本相同，但圆角柜的侧面和柜帽边缘及转角都呈圆弧形，腿足略微外展，整体轮廓略呈锥形。器型较大的圆角柜高约72英寸（约183厘米），足底宽约33英寸（约84厘米），深约26英寸（约66厘米）。

圆角柜尺寸多样（图326~333）。高大的多用于存放衣物，略微低矮的经常充作书橱或用来存放卷轴类书画作品和文玩等物。古时的官袍及普通长袍都是叠好后层层水平堆叠放置，而不是挂起来存放的。因此，工匠们制作了功能性突出的活动樘板，安装在圆角柜内部，以便人们可以工整地分类叠放衣物，从而减少了整理杂乱衣物的次数，节省了时间和人力。除了可移除的活动樘板，工匠的设计天赋还体现在门扇与柜身的连接方式上：通过可旋转的圆形木轴相连（（图326、图328）。另外，由于古时书房中的桌案没有配备大空间的储物抽屉，而圆角柜内的抽屉独立安置于抽屉架上，可以轻松拉出取下，方便主人将其带至桌案处临时取用物品。

在许多收藏家眼中，圆角柜是中式家具中最美观的设计之一。简单的锥度变化彰显了工匠们将动态元素融入静态物品之中的天才设计和匠心。略微外展的腿足让底部较之柜顶更为宽大，从而营造出一种向上的动感。洪光明将其比喻为花之生长：花茎从宽大的根部伸出，不断向上伸展直至花蕾绽放。

有时，收藏家也会遇到带有格栅结构门扇的圆角柜（图329），这种圆角柜很少见，绝大多数的圆角柜都是素面实心板，不带装饰的。圆角柜的牙条通常也是平直的，柜身正面的五金件多是狭长的。圆角柜的美体现在其造型和比例，而不是装饰上。

图326

图327

图326
黄花梨圆角木轴门柜。纵向的四根立柱略微向顶板内缩进，其倾斜角度细微，不易觉察。正面门扇上的木纹理彼此对称。制作于17世纪。侣明室收藏，照片由伍嘉恩提供。

图327
成对黄花梨圆角柜，器型较小。照片由王就稳提供。

图328
圆角木轴门柜。柜子的等级是极品还是一般，一个重要的因素便是看工匠是否能够完全匹配两块门扇木板的纹理。该圆角柜的两个门扇上的纹理近乎镜像般一致，可见是出自大师级别的工匠之手。照片由克里斯托弗·库克提供。

图329
来自安徽省的松木圆角柜，门扇上装有竹条板。这一颇具地方特色的圆角柜是为厨房存放餐具设计的。制作于19世纪晚期或20世纪早期。照片由傲斐艺苑提供。

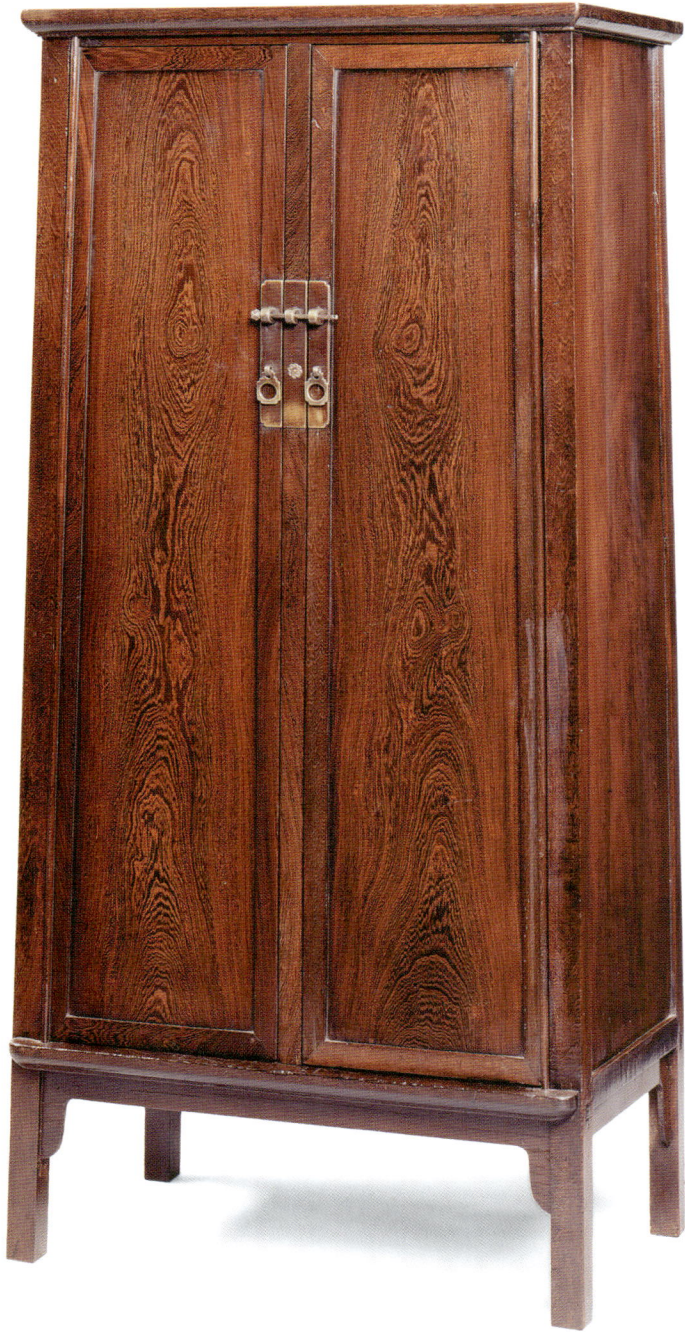

图328

图329

图330

图330
来自山西省的绦环板柜，髹朱漆。制作于18世纪。照片由傲斐艺苑
提供。

图331（第123页）
黄花梨及竹制圆角柜，样式罕见。私人藏品。照片由英国著名古董商、
收藏家马科斯·弗拉克斯提供。

图331

据洪光明先生介绍，下承架座的圆角柜样式在闽南和江苏等地很常见（图334、图335），同标准的明式圆角柜在尺寸、用料、装饰和接合件设计方面均不相同，其柜内深度也较小。这类圆角柜大部分都是榉木材质的，不过洪光明也见过一些由鸡翅木制作的品质更为上乘的圆角柜。这一地区的圆角柜还有一个显著的特征，即靠近地面处安有可移除的格栅结构底板，可能是用来摆放鞋子或盒子之类物品的（图335）。还有的变体圆角柜被放置在厨房用来存放餐具，图329中所示的圆角柜便是一例。该圆角柜来自安徽省，松木材质，门扇上装有竹条板，通风良好。

图332

图333

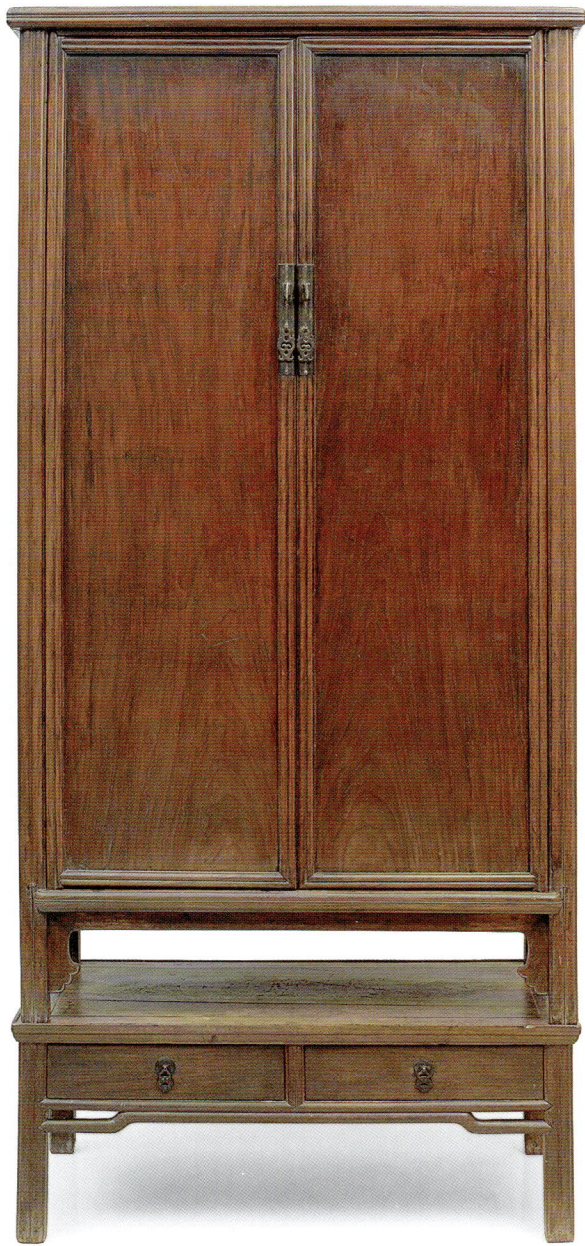

图334

图335

图334
来自江苏省南通市的黄花梨分体式圆角柜，
底部带抽屉。制作于17世纪。黄志达的藏品。

图335
来自闽南地区的分体式圆角柜，下承架座。
照片由克里斯托弗·库克提供。

图332
来自山西省的清晚期榆木圆角柜，圆形锁具
面叶（见细节图）。新加坡安董堂古典家具公
司的藏品。

图333
来自山东省的榆木圆角柜。上半部的门扇和
两边侧板上带有圆形透雕纹饰，柜膛下接云
头纹牙头。制作于18世纪。照片由台湾雅典
褛艺术品管理顾问公司提供。

架格

开放式的架格被归于柜架一类，是文人学者书房中的重要家具（图336~342）。随着印刷术的发明及发展，书籍逐渐成为文人房中不可或缺的元素。到明晚期时，书籍已成为文人地位的象征，亟待示人。不过，当时的书籍是以封面朝上、彼此叠加在一起的方式摆放在架格上的，而不是书脊朝外、水平排列的。因此，中国古代的架格较之西方的书架要深许多。

图336

图337

图336
黄花梨架格，"卍"字纹，寓意为永世永生、绵延不绝。照片由伍嘉恩提供。

图337
来自河北省的架格，可能是专门用来存放皮箱的。制作于18世纪。蒋汉娜的藏品。

图338
来自江苏省的柏木三面透棂架格，很可能是用来摆放书籍的，髹深紫红色漆。透棂结构中的双套环造型（寓意为双重福祉）十分醒目。制作于19世纪。照片由洪光明提供。

图339
来自浙江省的四面透棂架格，器型小巧，可能是存放书籍及外出携带书籍之用。制作于17世纪。照片由王就稳提供。

图340
软木架格，带有三层搁板及内置抽屉。照片由克里斯托弗·库克提供。

图341
黄花梨架格，三层搁板，每层均带有凸起的罗锅枨。制作于17世纪。照片由毕格史夫妇提供。

图342
来自山西省的四层搁板架格，器型高挑。照片由台湾雅典褉艺术品管理顾问公司提供。

图339

图338

图340

图341

图342

图343
来自江苏省的软木亮格柜。照片由傲斐艺苑提供。

图344
黄花梨亮格柜，其上的冰裂纹模仿了明式建筑中窗户的设计样式。制作于17世纪。侣明室收藏，照片由伍嘉恩提供。

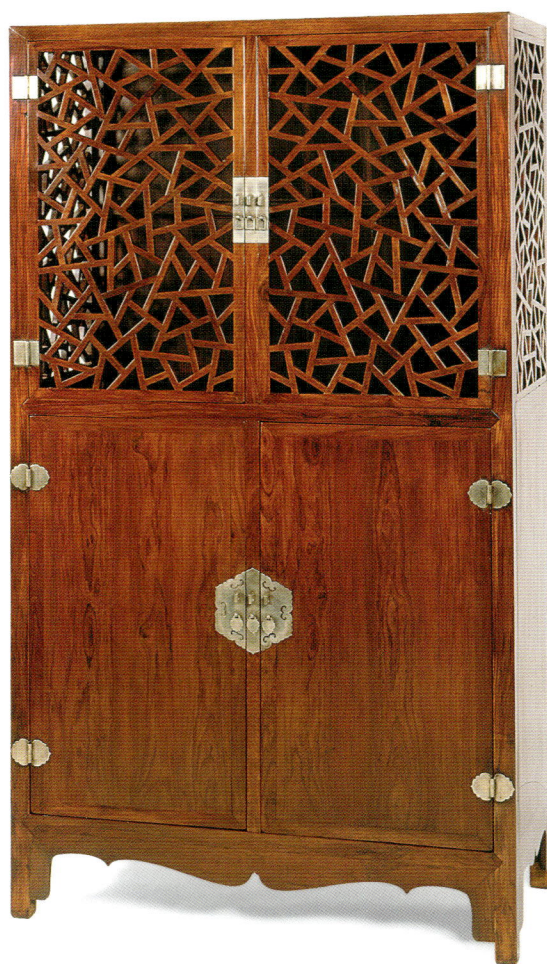

图344

图343

亮格柜

　　亮格柜是介于柜子和架格之间的一种形制，盛行于清代。它是家具一物多用的完美体现，同时具备储存和展示功能（图343~348）。有些架格的上部是开放式的通透结构，带有装饰纹饰的搁板或格子，多用来展示古董或摆放盆栽，下部为空间较大的柜子，用来存放书籍。资金充裕的藏家经常会定制个性款的亮格柜，其上带有多个特殊造型和尺寸的格子，用以摆放自己钟爱的瓷器、青铜器或玉器。其中非对称结构的架格是最具创意的形制。

图345

来自苏州地区的成对榆木亮格柜。制作于18世纪。照片由王就稳提供。

图346

来自江西省的清晚期亮格柜，髹红漆。新加坡安董堂古典家具公司的藏品。

图347

来自河北省的亮格柜，侧面带镂空纹饰。蒋汉娜的藏品。

图348

成对亮格柜。照片由王就稳提供。

图345

图346

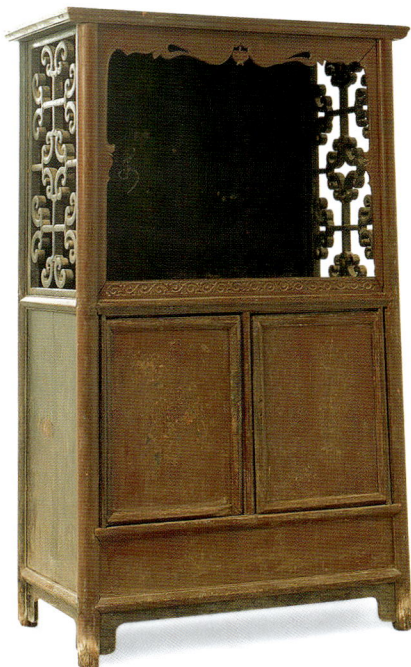

图347

图348

图349

髹漆家具

在古代，漆是用漆树的汁液制成的，称为"生漆"或"大漆"。这是一种古老的密封剂和木料保护剂，不仅能够防水驱虫，其装饰性也被中国的能工巧匠发掘并提升至相当的高度。将木胎表面全部髹漆后，就可以获得一致的颜色和质地，为工匠们继续发挥创意提供了理想的画布。

漆器在中国使用的历史可以追溯到7000多年前，应该是中国的先民发明的。在夏朝建立之前的上古时期，生漆主要用于髹涂木质的祭祀用具。这些礼器的表面以生漆密封后，更为经久耐用。随着时间的推移，生漆被用于大部分家具的制作。不过，生漆在家具行业的普及是一个漫长的过程，直到17世纪，中式家具才与漆器近乎等同。最初，民间使用的基本是黑漆（图349~351）。这不仅是因为黑色为镶嵌工艺提供了理想的底色，还由于红漆当时仅限王室使用。后来，各种颜色不再带有特权色彩，于是民间各地的工匠们陆续开发出了颇具地方特色的漆面家具。器型较大的红漆橱柜就是其中的代表性作品（图352、图353）。

虽然生漆的颜色种类有限，但其工艺却没有受到这种限制。家具制作中的髹漆工艺方法至少有14种。有些工艺仅仅是为了突出木料的天然纹理，或是为了掩盖单件家具使用了多种木料制作的事实。生漆还可以掩盖家具上不协调的纹理图案，避免给人粗制滥造的印象。当然，髹漆也有其实用价值：通常在家具底部涂上生漆，可以防止家具底板由于潮湿而翘曲。不过，藏家收藏髹漆家具主要是因其艺术价值，而非其保护性能出众和经久耐用。如果漆层的厚度足够，就可以在漆胎上进行雕刻。还有一些工匠会在漆层表面进行彩绘，即所谓的"描金"，先用金粉在漆层表面描出边线轮廓，而后再用不同颜色的生漆填充细节。

关于家具的髹漆流程我们知之甚少。是家具工匠同时精通髹漆工艺，还是家具工匠先将家具制作出来，然后送去专门负责髹漆的作坊处理？学者们倾向于后一种观点。在宫廷作坊里，很有可能是由两组工匠合作完成髹漆家具的：一组工匠完成家具的制作，再由另一组工匠完成髹漆工艺。不过，在民间作坊，为了控制成本，制作家具的工匠恐怕就要兼通髹漆工艺了。

那么髹漆家具到底有多受欢迎呢？西方大多数早期中式家具藏家都钟情于素面的黄花梨和紫檀等硬木家具，对髹漆家具避而不纳。西方藏家们甚至认为，明朝的那些文人雅士亦是如此。但据现有史料看，他们可能被误导了。严嵩是明朝"六大奸臣"之一，腐化不堪，从他被罚没的家具清单来看，髹漆家具不仅在当时的达官显贵、富庶的书香之家很常见，而且造价普遍高于硬木家具。在这份清单上有一张花梨木床，其造价仅为严嵩最好的漆面床的十五分之一。

既然髹漆家具曾经如此普遍，为什么现今流传下来的实物数量甚少呢？答案其实很简单。尽管生漆能够在木料表面形成保护层，使其不易受到水的侵蚀和因环境潮湿引起变形，但是绝大多数的髹漆家具都是用软木制成的，耐久性较差，因此很少能保存至今。

不过，外销的髹漆家具却意外得以保存，并再度流行起来。19世纪时，一种髹漆的中式外销家具风靡法国。当时，镶嵌有珍珠母的奢华黑漆类家具备受追捧，以至于当时兴起于欧洲的室内设计运动都被称为"中国风潮"，并催生了一种新的室内设计风格。外销的髹漆家具、手绘壁纸以及装饰性屏风成为这种风格的代表性元素。

奥迪隆·罗奇（Odilon Roche）于1922年出版了法文版的《中国家具》（Les meubles de la Chine）一书，推动了髹漆家具逆势上扬，并再度走红。值得一提的是，现在醉心于收藏曾外销法国的中式家具的藏家大多来自中国大陆。他们在法国参加房地产销售会和小型家具拍卖会，并频频举牌加价，志在必得。很显然，"中国风潮"正在回到起点。

在山西、福建和浙江等地，比较常见的一种髹漆家具是带柜帽的红漆柜子。同带柜帽的圆角柜相比，这类柜子腿足不会外展，也没有木质门轴，门扇是用合页固定在柜架上的，不能任意拆卸。柜子内部多装有两层搁板，有的在底部另有储物空间。有些地区的变体柜子在下半部带有隐藏的隔间，称为"闷仓"，闷仓的挡板从柜子外面是无法打开的。还有一种黑漆柜子，体量较大，门扇上带有多个嵌板，其样式类似于古墓中出土的文物赤陶柜子，这类柜子最早是在山西省发现的。

图349
髹黑漆榆木柜，腿足的牙头处雕刻有龙纹（见细节图）。从髹漆的情况来看，这个柜子产自山西省。制作于18世纪早期。照片由黑国强提供。

图350
来自图351中黑漆圆角柜的部件。漆面下露出粗糙的织物纹理，表明这个圆角柜可能属于明朝。原始五金件。照片由蒋霭玲提供。

图351
髹黑漆圆角柜，原始五金件。制作于17世纪。照片由蒋霭玲提供。

图352
红漆蝴蝶纹细节图，底漆为黑色。照片所示为一件来自山西省的橱柜的局部。

图353
来自山西省的方角柜，红漆描金，描绘的是狩猎场景（见细节图），叙事性很强。制作于19世纪晚期。照片由傲斐艺苑提供。

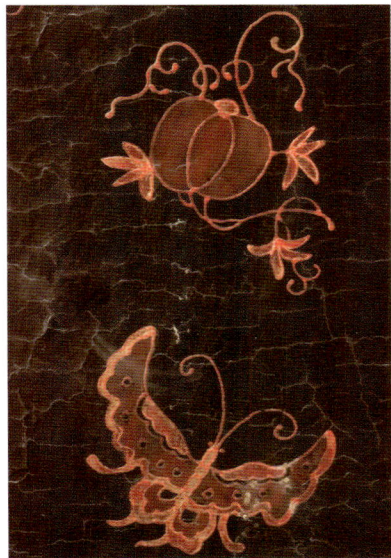

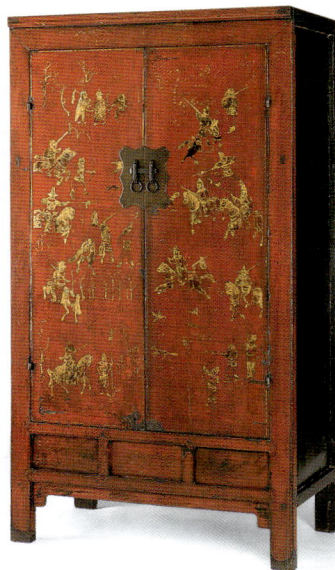

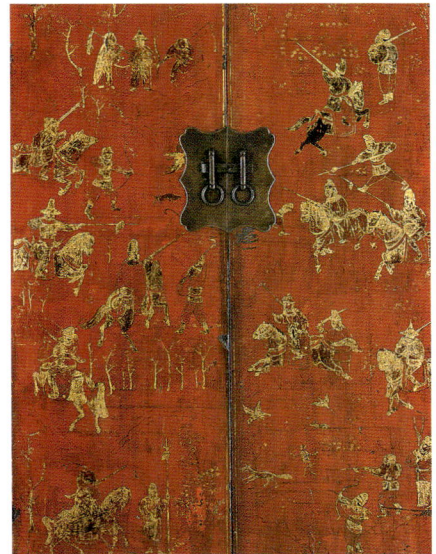

图350

图351

图352

图353

第9章
门及屏风

东西方在建筑方面秉承着完全不同的哲学理念。中国人用木料搭建殿宇楼阁，而西方人多用石料进行建造。因此，东西方建筑对自然、光线和空间关系的理解也是截然不同的。西方建筑的门窗较小而朴素，而中国人在"老庄"哲学的影响下，普遍信奉"天人合一"。因此，门窗被用来增强人们由室内向户外望去时的视觉效果。所以中国的门窗较之西方的门窗普遍更大、更为精细复杂（图354）。即使是壮观的中国寺庙，其门上也普遍带有格栅结构的窗棂。这一理念在中国古典建筑中根深蒂固。

中国古典建筑师及工匠都极为务实。门是为抵御外人闯入室内而制作的（图355）；在中国古代，"窗"同"囱"（即烟囱），既可排烟也可透光。门和窗还可作为分隔室内空间之物。不过，随着社会的发展，它们逐渐具有了装饰功能。屏风不仅可以防止窥视和阻隔冷风，还为开阔的室内空间平添了一丝雅致，兼具美观性与功能性（图356）。

据马未都介绍，窗的历史可以追溯到汉代，但在其上安装垂直立柱的做法直到两晋时期才出现。在唐代之前，窗

的样式基本还是原初的样子。经过唐代、五代十国，到了宋代，情况就大不相同了，纹饰以及格栅结构已成为窗不可或缺的组成部分。门的演化同样经历了漫长的过程。最初的门只有两种类型：单束腰嵌板门和双束腰嵌板门。束腰嵌板是嵌入到门框架内中间高度处的一块长方形木板，用以分隔门的上下两部分：上半部分通常是格栅结构的，下半部分是厚重的实心木板。后来还出现了第三种类型的门，被称为"软门"。这些门上的格栅结构嵌板是沿着束腰板边缘的槽口装入的。

目前市面上的古董门窗大都来自古代的官府建筑或私人府邸。门上部的格栅结构是为了反射和折射光线，从而营造出一种光影交错的美感。这种独特的美学设计使得门窗即便脱离其所属的建筑物，依然是有价值的。以前，门窗等建筑组件是禁止出口的，但还是有许多被走私到了国外，充当屏风来分隔房间，或者几经修改后作为咖啡桌使用。

门的美感和多样性使其颇具研究价值。通常，临街的门其束腰嵌板的位置会更高一些。这样门的实心木板面积会更大，能够提供更好的私密性；而内室后院的门，格栅结构的占比会更大。

马未都给出了4种不同的格栅结构制作方式。第一种，由众多小木条块通过末端的榫卯结构连在一起，多用来制

作蜂巢或星纹等几何图案的格栅结构。第二种，在一段木条板中间开榫眼，而后将带榫头的另一段木条板插入，这种方式多用来制作"冰裂纹"。第三种，将多根木条沿水平方向和垂直方向均匀安放，形成大小一致的方格。这种制作

图355

图354（第132页）
一组格栅结构门的近景，位于北京一个翻修后的四合院内，二进院厢房的窄屋檐下。格栅结构有利于光线的射入和空气的流通，还能提供一定的私密性。

图355
来自山西省的重型大门的细节图，带金属门闩，门板厚重，足可抵御外来攻击。马可乐的藏品。

图356
罗启妍家中的折屏,来自安徽省。

方式不需要使用榫卯结构,只需将木条插入槽口内,因此劳动强度不大。第四种,是在整块木板上雕刻出格栅纹饰。虽说这样可以呈现更为复杂多变的植物图案或故事场景,但由于木板上的受力点过多,因此容易开裂。

虽说格栅结构是门的重要组成部分,但是也不能忽略下半部分的实心木板或者束腰板,许多时候还要在这些部件上雕刻纹饰进行装饰。马未都给出了6种针对这些部件的雕刻方式。

- 浮雕,去除多余木料,将要展现的图案部分突出出来(图357)。
- 圆雕或立体雕(图358)。
- 透雕,是在浮雕的基础上,将背景部分全部镂空,只留下需要保留的图案(图359)。
- 嵌雕,先在木料上雕刻出图案的轮廓,而后以不同的材质填充,形成醒目的颜色反差和对比。用于填充的材料质地要比底板木料轻盈,比如带颜色的木料、象牙和石材等。
- 贴雕,同嵌雕相反,是将设计好的图案直接贴于平整的木料表面。
- 线雕,也称为"阴阳刻",是直接以线条的形式雕刻出图案或以圆雕的方式创作立体的雕刻作品。

很显然,主人的家境越殷实,门上的装饰纹饰就越多。

不同地区门窗上的纹饰样式差异很大。江苏、浙江或福建等地出产的门较之北方地区更为精细复杂,多雕刻源自民间小说或神话故事的叙事场景。在安徽省,不断重复的、状如圆括号的纹饰(图360)较为常见,也是颇具地方特色的一种样式。而在较为保守的山西,诸如方格状或蜂巢状的几何图案设计更为常见。相比之下,冰裂纹则是一种在全国大多数地区都还算是常见的几何图案(图361)。北方地区的家具上很少见到以民间传说中的人物形象为主题的雕刻

图357

图358

图359

图357
浮雕栅板的局部特写，饰有缠枝花卉纹案。
照片由冯耀辉提供。

图358
屏风雕刻纹饰的局部特写。

图359
透雕花卉纹饰局部特写，来自图360中屏风
上的一块绦环板。

图360
回纹饰板，一套4件，是典型的安徽样式。
制作于19世纪。照片由傲斐艺苑提供。

图361
来自浙江省的松木经典冰裂纹窗棂。这种几
何图案在大多数地区都算常见。制作于19世
纪。照片由傲斐艺苑提供。

纹饰，但是花卉图案还算常见。

凡是室内空间过于开阔的地方，都
有屏风的身影。独板的单扇屏风本是出
于实际需要而制作的，但后来却演变为
一种礼仪性的装饰物。周朝时期，当天
子召见臣子时，其背后总立有薄纱屏
风，用以分隔过大的室内空间。在湖北
省发掘的战国陵墓中，出土了一件小
型的彩漆屏风，其上精心绘制了很多动
物；在长沙马王堆轪侯利苍墓中也出土
过一件装饰性的屏风。

在中国古人尚处于"席地而坐"的
阶段时，屏风的体量普遍较小，多放置
于桌案及地面上用以阻隔气流。随着人
们从"席地坐"逐步进入"垂足坐"的
阶段，屏风的尺寸也在不断加大。当然，
其功能也在不断增加。

唐朝时期，屏风是艺术家展示其作
品的理想平台。文人雅士经常在丝绸或
纸张上作画，然后将其铺展在屏风上示
人。在唐宋时期，金主花费重金向其倾
慕的艺术家（比如唐朝的曹霸和北宋的
郭熙）委托创作屏风的例子并不少见。

在中国古代的小说里，屏风常常
是阴谋的帮凶和偷情的屏障。在极度崇
尚儒家思想的门庭里，受制于"男女有
别"的观念，男女之间会面时须用屏风
加以分隔。对于夫妻，则可以在夜晚时
将屏风展开放置于床榻前方，为夫妻的
性爱生活提供一些隐私保护。如果用于
分隔室内空间，主人会按照传统的风水
理论，将屏风摆放在与室内其他陈设协
调、和谐的位置。

中国的屏风，其历史可以追溯到战
国时期，而欧洲人直到18世纪才发现屏
风的妙用。痴迷于"中国风潮"的法国
人进口了大量的髹漆折叠屏风，其上多
彩绘山水田园、宫廷风光等景致。欧洲
人倒是"众口易调"，一种风格就可以
满足所有人，相比之下，中国人更喜欢
多变的样式，因此尝试创作了各种造型
和尺寸的屏风。

最为古老、最为保守的样式是独
板单扇屏风，通常是将一块大理石板或
其他石材板安装在一个木架上制成，高
约7英尺（约213厘米）。有些单扇屏风
体量较小，被置于床榻或桌案之上用作
装饰之物（图362、图363）。形制较大
的单扇屏风，下承分体可拆卸底座的被
称为"座屏"，通常置于重要建筑物的
主要入口处内侧，用以保护隐私及阻挡
"不祥之物"。这种屏风有时也会放置于
皇座或官员的座椅之后充当背景，以彰
显主人的身份地位，也是会客的厅堂里
重要的陈设（图364、图365）。

带有天然山水画般条纹的大理石板
是制作独板单扇屏风的不二之选。体量
较小的单扇屏风，底座是不可拆分的，
常置于床榻或桌案之上用作装饰或阻
隔气流。高度仅18英寸（约46厘米）的
小型独扇屏风，被称为"枕屏"或"砚

图360

图361

图362

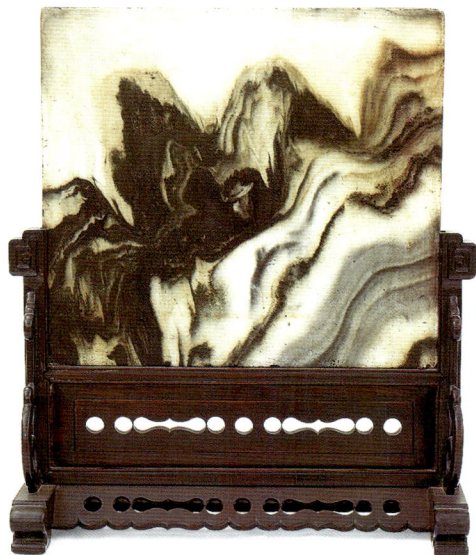

图363

屏"，其功能是阻挡气流防止墨汁过快干燥。而被挂在墙上的单扇屏风，称为"挂屏"。

带有精雕细刻的镂空纹饰的可折叠式屏风，被称为"围屏"，通常由6个、8个、12个或24个单扇连接而成，有很好的遮蔽和隐藏效果（图366、图367）。围屏出现在大约北魏时期，是为了在内室营造私密空间而设计的。9世纪左右出现的早期屏风较为低矮，其上常饰有帛画或宣纸画。这些画作可挂于屏风的镂空格栅之上，也可装裱进屏风架里。若画作出自大师之手，那么屏风的价格会很高，这样的屏风也被认为是身份地位的象征。

敦煌的壁画上就描绘有这样的屏风作品。不过，名家创作的薄纱屏风到了元代已是踪迹难觅，当时折屏的尺寸已增至10英尺高（约305厘米）。

《红楼梦》中曾提到过一个二十四扇围屏。不过，这类屏风很少能流传于世。2003年香港佳士得曾拍出一件上好的寿山石嵌人物图雕空龙寿纹十二扇围屏，成交价近306万美元（图366）。

图364

图362
黄花梨桌屏，软玉屏芯。高约35英寸（约89厘米），不管放在哪张大型桌案上都会是一个不容忽视的存在。制作于17世纪。侣明室藏，照片由伍嘉恩提供。

图363
桌屏，红木底座，大理石屏芯，其上的纹饰看似菩萨在攀登山峰。黄志达的藏品。
佳士得提供。

图364
来自北京或天津的紫檀座屏，也称为"立地屏风"，高约4.5英尺（约137厘米），可能出自清代皇室作坊。这类屏风通常带有绘画以及装饰性石材，有时还会安装镜子。底座与上面的插屏是分体的，其上浮雕有云纹缠枝莲纹。绦环板上透雕花卉纹及四爪龙纹。屏风的墩子上雕有狮子造型。制作于18世纪。照片由冯耀辉提供。

图365
来自华北地区的红木桌屏，采用包镶工艺外贴紫檀木皮，玻璃镜面。高约16英寸（约41厘米），黑漆描金，绘有蝙蝠、海棠花和桃树纹饰，寓意富贵、官运亨通及长寿。屏风背面安装有镜子。主料为红木，仅用紫檀饰面，由此可见紫檀在19世纪时的稀缺程度。制作于19世纪。照片由冯耀辉提供。

图366
清康熙嵌人物图雕空龙寿纹十二扇围屏，上嵌寿山石。该屏风在2003年7月7日香港佳士得拍卖会上最终以306万美元成交。照片由香港

图365

图366

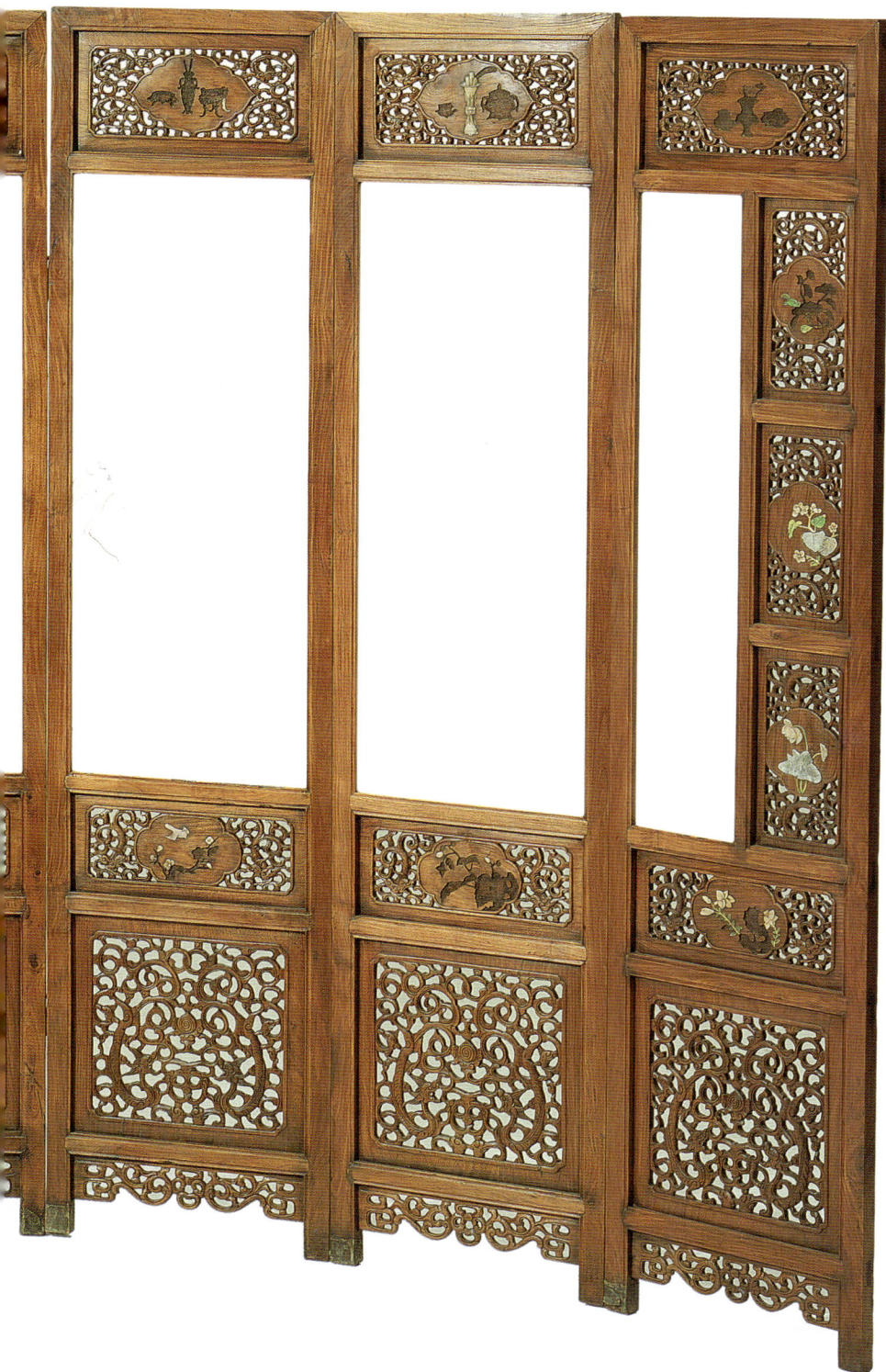

图367

来自华北地区的黄花梨八扇室内屏风，上嵌半宝石，绦环板上镂雕卷云螭龙纹。绦环板的圆形雕饰上单面雕有"百宝博古纹"，包含祭祀、文学和求学问业等主题。圆形雕饰上还镶嵌有彩色花卉图案造型的皂石和象牙。清朝时期多使用十二扇的大型折屏，而六扇和八扇的小型至中型屏风则盛行于明朝时期。制作于18世纪。照片由冯耀辉提供。

第10章
摆件

对于中式家具收藏，藏家们的关注重点多是大件物品：箱柜、椅凳和桌案。然而，还有许多做工精良的摆件，在古人的家居生活中常会用到，同样值得关注（图368）。这些摆件给生活提供了额外的舒适性，囊括了光、热、装饰及娱乐等各个方面。虽然这些摆件并不便宜，但对一个书房来说，就算是配备了最为精美的画案，若没有古朴的砚台和笔筒（图369、图370）、火盆架、梳妆匣（古代男子留长发，因此需要经常梳妆）以及阅读用的灯具，那也是不完整的。

烛台和灯具

人类的生活离不开光。在中国古代，人们普遍使用蜡烛和以牛油为主的动物油脂或植物油为燃料的灯具来照

图368（第142页）
江苏省甪直镇沈宅（教育家沈柏寒先生旧居）的卧室一角。

图369（右上）
明代怪才徐渭位于浙江省绍兴市书房中的一张长硬木书案上的文房用品。

图370（右下）
古代文人的笔筒，曾是书房必备之物，现今是许多藏家室内典雅的装饰品。本图拍摄于罗启妍的家中。

图371

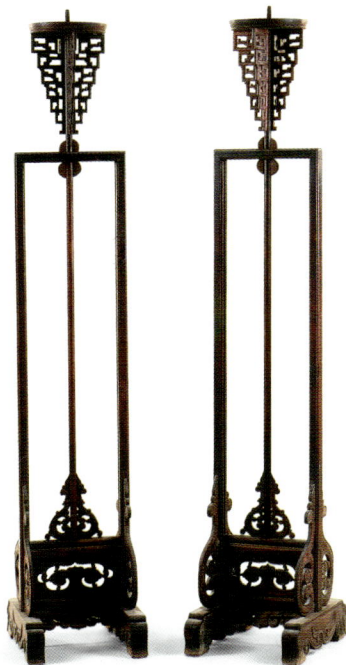

图372

图371
一对黄花梨灯架。龙纹牙头，底座墩木、站牙和腿足上雕有精美的云纹及卷草纹。中间立柱的高度可调节，通过滑动式金属螺栓固定位置。约制作于17世纪。照片由伍嘉恩提供。

图372
来自山西省的成对核桃木烛台。制作于19世纪。马可乐的藏品。

图373
来自山西省的成对榆木灯架，原始漆面。照片由蒋霭玲提供。

图374
来自福建省的成对烛台，木材种类不详，髹深红色漆。制作于19世纪。照片由洪光明提供。

图375（第145页）
四川阆中冯氏宅邸内，一把椅子和一个灯架，紧靠一面带有格栅饰板的木墙放置。

图373

图374

图376

图377

图378

明。现存最早的烛台是用青铜制成的，其历史可追溯到东周时期。烛台上多饰有精美的动物造型，并以盘状灯盏盛放动植物油。后来发明了相对封闭的木质灯笼类灯具，能将放入其内的烛火之光或油灯之光播散至屋中的每一个角落。灯具不仅要符合一定的审美要求，还须考虑精神需求和安全问题。灯具常常是通宵明燃或者作为祭品摆放在供奉祖先牌位的桌案前。危险的火光或燃尽的灯烛可能会带来火灾或厄运。中国还有灯笼节，即元宵节，从古一直延续至今，是庆祝农历新年的高潮和收尾。元宵节时，各家各户会竞相挂出各种精心制作的灯笼一较高下，以博得好彩头。

在明晚期至清早期，器型高挑的独立灯具逐渐流行开来。这种灯具通常成对出现（图371~376），摆放于桌案或椅凳两旁。这类灯具的陈设性往往高于实用性，因此还需要额外摆放其他灯具来照明（图377、图378）。这类高型灯具的底部造型多变，从三弯腿墩座到十字形底座，不一而足。所谓十字形底座，指的是底座上的4个牙头向中央立杆伸展，并交汇于立杆处，从而增加底座承重的设计。流传下来的原始灯罩甚少，

图376
来自山西省的成对杨木及樟木书灯。制作于19世纪。马可乐的藏品。

图377
来自山西省的楸木灯笼，纸质灯罩是后来更换的。制作于19世纪。马可乐的藏品。

图378
来自福建省的烛台，木材种类不详，髹深红色漆。约制作于19世纪。照片由洪光明提供。

不过当时的灯具通常都配有以纸张或者畜角制成的灯罩。有些灯具的高度是可调节的。"书灯"是一种器型较小的灯具（图376），可以置于桌案之上，常带有纸质或丝质内衬。还有一种挂灯，悬挂在长杆的一端，为人们夜间在庭院内或廊桥上行走时提供照明，也可以直接悬挂在室内的屋顶上供夜间照明之用。到了清中期，有些造价高昂的挂灯开始使用玻璃灯罩。现如今，这类灯罩经过改良重制后，用作电灯的灯罩。

火盆架

火盆架（图379）通常是由一个坚固的木架和一个金属托架或青铜炭盆组成。在北方的严冬季节里，火盆是除了炕之外的补充取暖设施之一。而在南方，火盆可能是人们唯一的取暖设施。

火盆架通常置于地上，炭盆里装满燃烧的炭。而炭周围是起绝缘作用的炭灰，以防止炭盆过热引燃下面的木架。这种火盆的辐射能力有限，无法像现代的电炉那样，可以加热整个房间。因此，古时候的人们还需要穿上层层衣物以御寒：富人锦衣貂裘，穷人则棉絮加身。小小的火盆能让冻僵的手指和脚趾得以缓解：一边双手互搓一边吸收热量，或者抬高双脚置于火盆架之上烤火。这对冬季寒冷的北方地区来说，给人们提供了很惬意舒适的冬日取暖方式。一家人互相依偎围坐在火盆架周围，这样的场景随处可见。除了可以暖手暖脚，火盆架有时还可充当热饭、温酒，甚至烧洗

澡水的小火炉。虽说火盆架通常是置于室内使用的，但有资料显示，有些人会在野餐时将其带至户外，用来烤肉。

火盆架一般摆放在室内中央，炭火中可加些香以便整个房间香气萦绕，还可将水罐置于其上煮茶或温酒。不过，火盆架也可以出现在房间内的其他位置。萨拉·汉德勒指出，使用火盆架有一个严重的后果：会产生烟尘。细小的烟尘会随着热气飘散至屋内的每一个角落，室内的空气也会因此被污染。

神龛

神龛，外观类似缩小的庙宇（图

380），常置于主厅的祭案之上。神龛中一般供奉祖先牌位或神像。中国民间普遍认为，祖先的魂灵驻留在"灵牌"上，因此将"灵牌"置于神龛内祭拜，能为子孙后代带来好运。因此后世子嗣会对着神龛进香祭拜，尤其是每逢喜事之时，比如生子、嫁娶等。

用来供奉佛像的神龛被称为佛龛（图381）。佛龛在山西地区很常见，外观类似于唐朝墓穴中出土的陶制佛龛，由此可见，佛龛的历史是非常久远的。在中国古代，即便是变卖家产，佛龛也是不会轻易出售的，因为它对家中的长辈而言具有非同一般的情感意义。

图379

图380

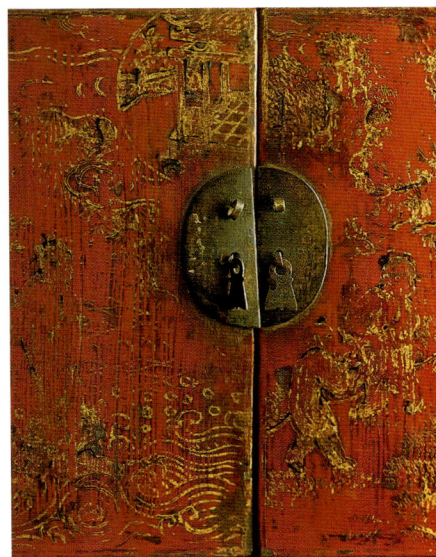

图381

图379
来自山西省的榆木高束腰圆形火盆架，彭牙。制作于17世纪。照片由马可乐提供。

图380
来自福建省的柏木及樟木神龛，带有精美的雕刻纹饰。纪年款，根据其上的文字记载，该神龛制于1840年8月。马可乐的藏品。

图381
佛龛，红漆描金，用来供奉佛像。照片由蒋霭玲提供。

图382

图383

图384

图385

图386

衣架及盆架

在古代，夜晚就寝时，达官显贵会将脱下的长袍搭在衣架（图382~386）上，以防衣物出现褶皱。这种古老的立式架子曾是最常见的居家用品之一，也是必需品，因为传统的中式建筑里没有设计可以挂衣服的橱柜。衣架和盆架通常是女子嫁妆的一部分，多饰有吉祥纹饰，以期婚姻幸福，夫妻白头偕老。从最早的衣架样式可以看出，古代木匠是如何将建筑元素融入家具制作中的，衣架其实就是梁柱结构的简化版本。

早在东周时期，沐浴就是一种重要的礼法仪式。上层社会人士每5天沐浴一次，每3天洗头一次，每天要洗5次手。这不仅是出于卫生保健的考虑，还有礼仪的因素。身体的纯洁代表品行的高尚。因此，用来放置铜盆和毛巾的盆架（图387、图388）便成了内室不可或缺的用品之一。最初，只是一个简单的金属盆放在地上或者杌凳上。后来，作为承具的架子制作得越来越精致，有了高高的弯足，甚至设计了专门放置毛巾的架子——可以将其视为传统衣架的一种变体。盆架一般有4~6个圆腿，多配有枨子进行加固。搭脑出头，两端向上翘起，用来搭放毛巾。盆架通常放置在床榻或梳妆台旁边。虽说许多盆架都很朴素，但流传下来的硬木盆架通常都饰有镂空嵌板。不过，经过镂空的木板较为脆弱，因此存世的寥寥无几。

图382
来自江苏省的榉木和红木衣架。制作于19世纪。照片由傲斐艺苑提供。

图383
来自浙江省的衣架，格栅结构上饰双套环纹饰，髹黑漆。制作于19世纪。照片由傲斐艺苑提供。

图384
来自浙江省的衣架，髹黑漆。制作于19世纪晚期。照片由傲斐艺苑提供。

图385
来自山西省的榆木衣架，顶部横梁两端圆雕龙头。制作于18世纪。王就稳的藏品。

图386
黄花梨衣架，镂空雕刻灵芝纹，每4个呈菱形排列并重复出现，每个灵芝纹中间为花卉图案。约制作于17世纪。叶承耀医生的藏品，照片由伍嘉恩提供。

图387
来自山西省的黄花梨盆架。从这个盆架可以看出，清朝时期雕刻的龙鼻变长了，龙爪的数量也减少了。中央饰板上刻有蝙蝠云纹，寓意幸福和长寿。制作于18世纪。王就稳的藏品。

图388
黄花梨盆架。叶承耀医生的藏品，照片由伍嘉恩提供。

图387

图388

镜架

图339所示的折叠式镜架的样式较为常见，其可用于安装铜镜。而图390中组合镜架和梳妆匣的镜台箱并不多见。镜台箱是古代女子闺房内非常实用的物品。正中间为开光式嵌板，周围是5块镂雕的绦环板，下承莲花托用来安放镜子。若将镜架取下，下面的梳妆匣可作为小型桌案使用。据佳士得提供的资料显示，这种镜台箱在明代小说《金瓶梅》中曾出现过，其中有一个场景是将酒水饭菜带至某位女子的内室，放置于一个将镜架移除后的小型梳妆匣上。古人外出时也需要镜子，因此便携式折叠镜架很受欢迎。古董商黑洪禄先生就曾遇到过这样一件颇为有趣的便携式折叠镜架，它的收藏者对其爱不释手（图391）。

衣箱

由于中国古代的房屋建筑中没有设计可以挂衣服的橱柜，因此长方形的储物箱便成了各家各户的必备用品。若放置在内室，则可以用来存放衣帽和被褥（图392~394）；若放在厨房，则可以用来存放食物及餐具；若放在书房，则可以用来存放书画卷轴。这些箱子通常是叠放在一起的。在山西，有一种用来存放钱财及金银首饰的"珍宝箱"，也很常见（图395）。最初的衣箱盖子是可拆卸的，后演化为通过合页控制开合盖子的样式，箱座亦可拆分，这样的衣箱被称为"衣笼"。用来盛放织物和皮毛衣服的衣箱多用樟木制成，因其有很好的防虫驱虫效果。由于中式长袍都不是悬挂收置的，因此需要体量较大的衣箱来存放。樟木材质的衣箱大多来自北京和河北。除了衣箱，还有专门用来收置帽子的帽匣（图392）。

茶壶桶及提盒

茶壶桶是一种很普及的日用品（图396、图397），无论穷富，家家都有。不过，图397中所示的朱漆茶壶桶并非常物，它由竹丝制成。竹丝是一种精细技术，需要先将竹竿切成细线般的小竹条，而后再编织出想要的造型。

提盒用于外出和礼节式的郊游，顶部有穿过铁环的横梁，可握可提，内部通常包含3层或4层托盘，用来分隔和收纳物品（图398）。提盒下承底座，顶部有类似走廊栏杆的横梁。提盒尺寸多样，虽常用于盛放食物，但文人雅士也常在提盒内放置笔墨纸砚和印章等物。在罗启妍、柯惕思等人编著的《中国古典家具与生活环境》（*Classical and Vernacular Chinese Furniture in the Living Environment*）一书中，柯惕思提到了3种提盒。其中两种是用来盛放食物的，另外一种较为纤细的提盒是用来携带文房用品、钱财等各种物品的。没有分层的提盒（图399）是用来携带纸钱以及其他与丧葬祭奠传统有关的物品的。

图389

图390

图391

图392

图389
折叠式镜架，非便携式，据其古旧的颜色判断，可能来自苏州或山东。制作于18世纪早期。照片由黑国强提供。

图390
紫檀镜台箱，上接折叠式镜架，配以莲花座以安放镜子。镜架的绦环板上刻有螭龙纹。制作于18世纪。照片由冯耀辉提供。

图391
紫檀便携式折叠镜架，刻有"寿"字纹，购于北京的跳蚤市场。制作于18世纪晚期或19世纪早期。照片由黑国强提供。

图392
紫檀帽匣，一体式结构，开合式匣盖，是清乾隆时期的大学士刘墉定制的。照片由蒋霭玲提供。

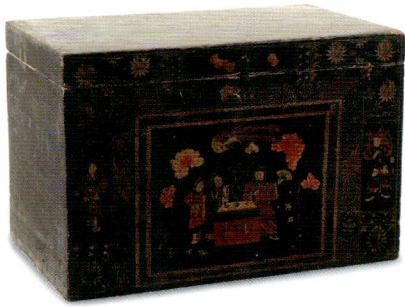

图393

图394

图395

图396

图397

图398

图393
来自山西省的衣箱，髹漆彩绘。制作于19世纪。笔者的藏品。

图394
黄花梨衣箱。制作于17世纪。叶承耀医生的藏品，图片由伍嘉恩提供。

图395
来自山西省的榆木珍宝箱，古时用来运送钱财或银器等物，类似于现在保险箱，箱体上饰有皮革，用黄铜钉固定。制作于18世纪。黑国强的藏品。

图396
晚清铁梨木及鸡翅木茶壶桶。黄志达的藏品。

图397
朱漆茶壶桶，外观类似加装了提手的笔筒，茶壶桶底为黄花梨木，顶盖为红木。制作于19世纪。图片由冯耀辉提供。

图398
提盒，可能是用来携带食物的。新加坡安董堂古典家具公司的藏品。

图399

图399
来自山西省的食盒（一个有盖一个无盖）及折叠桌，髹黑漆。食盒底部带有一块可滑动的木板，下面的腿足可折叠后置于木板之下。制作于16世纪。照片由马可乐提供。

图400

图401

图402

图403

图400
来自江苏省的鸡翅木凹面顶盖文房盒。可能用于存放贵重物品,并兼作枕头。把贵重物品枕在头下显然是一种高明的办法。制作于清初。黄志达的藏品。

图401
鸡翅木凹面顶盖文房盒。可以用来存放文件,并在睡觉对兼作枕头。制作于清初。黄志达的藏品。

图402
黄花梨长方形文房盒,独板制作,外角用黄铜角撑件加固。制作于19世纪。迈克尔·马丁(Micaet Martin)医生的私人藏品。照片由傲斐艺苑提供。

图403
鸡翅木长方形文房盒,盒盖打开处有一条不同寻常的凸起。制作于19世纪。罗伯特·毕格史的藏品。照片由傲斐艺苑提供。

文房盒

有一种形体较小的箱子,具有合页连接的可开合式顶盖,内置隔板,通常用来存放奇珍异宝或者文房用品以及契约文书等,因此被称为"文房盒"(图400~404)。还可用作钱盒或展示盒,这在诸多古代的版画作品中均有体现,比如清代李渔创作的木版画《慎鸾交》。造型雅致的黄铜锁具可以为朴素的长方形文房盒增色添彩。虽说大部分的文房盒盒盖都是平顶的,但也有盒盖顶部向外拱起的,被称为"面包盒",以及盒盖顶部略微凹陷的,外观形似中国古代的枕头,可能兼作枕头和迷你保险箱(图400、图401)。

带有抽屉的箱子也可以盛放文房用具(图405~408)。明末清初的文学家李渔曾诗意般地描述抽屉:"造橱立柜,无他智巧,总以多容善纳为贵。"其中一种装有合页门扇的小箱子,通常被称为梳妆盒(图409~411),可以用来放置胭脂、珠宝首饰、梳子、镜子以及其他小饰品,西方藏家常将其称为"印章箱"。不过,从词源学的角度来讲,用来收置印章并不是其主要用途。

这些小箱子最引人注目的演化非抽屉莫属。据柯律格教授介绍,这类家具是在15世纪左右为了适应文房用品分类摆放的需求而诞生的。虽说大部分的小箱子都是用普通木材素板制作的,但也有些会镶嵌半宝石和象牙进行装饰,如图410中所示的制于康熙年间的小箱子便是如此。

另一种形体更小的盒子,有的呈圆形,很显然是一物多用的,可以用来存放珠宝、胭脂、棋子、墨锭等物品(图412、图413)。其中圆形的盒子形状多变,从标准的圆形到类似面包圈一样的形状(用于携带朝珠),应有尽有(图414~416)。滑动式开合顶盖的文房盒很有可能仅是用来保管奇珍异宝或存放文房用具的(图417~421)。

图404

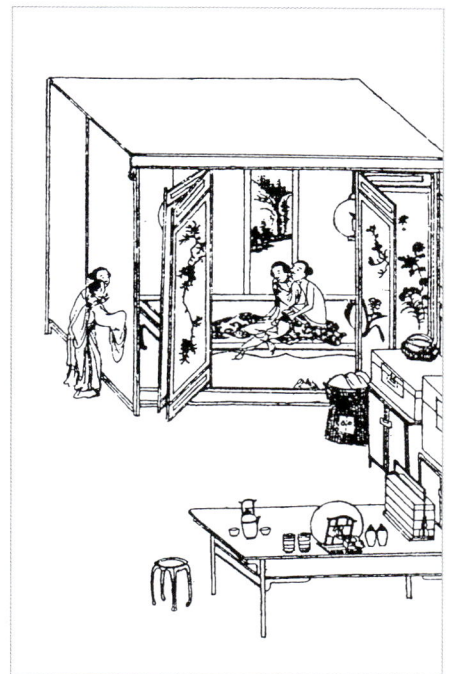

图405

图404
文房盒及都承盘。照片由傲斐艺苑提供。

图405
图中展示古时内室场景。长方形桌案上有镜台盒和用于存放食物或文件的三层提盒，低矮的柜子上放有衣箱。照片由伍嘉恩提供。

图406
黄花梨旅行药箱（外观见图38），门扇呈敞开状，可见内部的多个抽屉，也可用于存放文房用品。制作于17或18世纪。来自新加坡的私人藏品。

图406

图407

图408

图409

图410

图411

图412

图413

图407
来自北京的黄花梨箱，带提手，可能是古时外出时用来携带印章、契约文书或其他文房用品的。制作于18世纪。黑国强的藏品。

图408
带提手便携式紫檀箱。这类箱子通常一物多用，内部安有一个托盘及五具抽屉。制作于18世纪。照片由冯耀辉提供。

图409
黄花梨梳妆盒。照片由蒋霭玲提供。

图410
清康熙年间黄花梨嵌半宝石梳妆盒。黄志达的藏品。

图411
黄花梨印章箱，器型较普通印章箱要小一些。照片由蒋霭玲提供。

图412
晚清紫檀盒，可能用以存放骰子等游戏用具，器型较小，呈圆柱形。黄志达的藏品。

图413
紫檀盒，镶嵌珍珠母、牛角、绿松石和皂石等材料，呈现的是孩童嬉戏的场景。制作于18世纪。叶义（Ip Yee）医生的藏品，照片由傲斐艺苑提供。

图414
灵芝形瘿木盒，顶盖与盒身边缘分别雕刻有凸起和凹槽，可以增强盒子的密封性。制作于18世纪。照片由傲斐艺苑提供。

图415
鸡翅木盒，中部挖空。制作于19世纪末或20世纪初。照片由傲斐艺苑提供。

图416
瘿木盒，可能是用来盛放牦牛油的，是专门为西藏市场设计制作的。黑国强的藏品。

图417
文房盒，顶盖可滑动开合，刻有盘龙纹。制作于18世纪。照片由傲斐艺苑提供。

图418
长方形文房盒，瘿木制作，顶盖可滑动开合。罗伯特·毕格史的藏品。照片由傲斐艺苑提供。

图414   图415

图416

图417

图418

图419

图420

图421

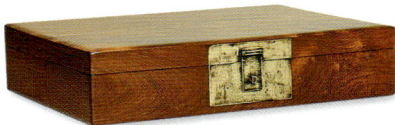

图422

图419
瘿木盒，造型罕见。迈克尔·马丁医生的私人藏品。照片由傲斐艺苑提供。

图420
多层红木挢厢盒，方便折叠起来取用。黄志达的藏品。

图421
文房盒，顶盖滑动式开合，以便放入契约文书、信件或纸张等物品。黑国强的藏品。

图422
紫檀双陆棋盒，制作于16世纪。双陆棋盛行于唐代，但清初时热度已大不如前。照片由冯耀辉提供。

图423
紫檀仿竹式笔筒，身形娇小，筒身刻有书法。制作于清初。黄志达的藏品。

图424
榉木画筒，制作于18世纪。照片由毕格史夫妇提供。

图423

图424

都承盘和棋盒

在古代，长方形木制托盘（即都承盘）是殷实人家的必备用品（图404）。除了上菜奉茶，还常置于文人雅士的桌案之上，用来归置毛笔砚台等文房用品。都承盘通常是开放式的，但有些变体都承盘带有一个可以向后滑动开合的顶盖。都承盘一般使用名贵木材制作，如果加装嵌板，还可以用作"双陆棋"等掷骰类游戏的桌案。图422所示的双陆棋盒，通常放置在炕桌上使用，盛行于唐代，清代逐渐被弃用。因此，这类经常镶嵌象牙且具有一定内部空间的双陆棋盒如今很少见。现存的许多实用性强的都承盘，比如茶盘，大多来自福建省，这与茶树是福建省的主要经济作物之一，且当地人都有饮茶的习惯有关。

笔筒及画筒

笔筒及画筒是文人雅士桌案的标配。虽然其造型尺寸多变，但本质上可分为两类：素面类和装饰类。这些圆柱形的木筒，常用来放置毛笔、臂搁（即腕枕）和拂尘等文房用品，盛行于16~20世纪。大多数的笔筒都使用优质木料制成（图423~430），品相俱佳的笔筒及画筒表面经过精心的抛光后，其木纹理尽显雅致优美（图424~426）。有的笔筒表面还雕刻有书法作品或画作（图423、图428~430）。笔筒较为常用的木料是瘿木，这些因树木的异常增生而形成的瘿结具有有趣的旋涡状纹理。虽说只要砍下一段树干，做成简单的圆柱形，一个笔筒就诞生了，但是工匠们更喜欢另辟蹊径，利用树干或树根的天然瘿结或者自然轮廓进行雕刻重塑，变废为宝。如图430所示，笔筒表面的瘿结被顺势雕刻成了花瓣一般的独特样式。

画筒较笔筒来说要大得多，通常使用空心树干雕刻而成（图424、图431~433）。

图425

图426

图427

图428

图 429

图 430

图431

图432

图433

图425
黄花梨笔筒，腰身明显。制作于18世纪。照片由冯耀辉提供。

图426
黄花梨笔筒，用整段树干制成。制作于18世纪。罗伯特·毕格史的藏品。照片由傲斐艺苑提供。

图427
黄花梨笔筒，下半部分略微鼓出，状似茶壶，顶端包边，底部有一圈装饰性珠边木条。制作于18世纪。照片由冯耀辉提供。

图428
黄花梨笔筒，浅浮雕岩石松柏、老儒小童。制作于17世纪。照片由伍嘉恩提供。

图429
紫檀笔筒，身刻龙纹，可能是皇室御用之物。五爪神龙在云雾和波浪中翻飞，顶部刻有回纹图案。制作于18世纪。照片由冯耀辉提供。

图430
紫檀笔筒。侧面浮雕有玉兰花同心花瓣，外圈3个较大，内圈3个较小，配以李柿枝丫。制作于18世纪。叶义医生的藏品。照片由傲斐艺苑提供。

图431
清康熙画筒，柏木树根制成。纪年款，指出该画筒曾为某名家所有。照片由傲斐艺苑提供。

图432
紫檀画筒，制作于18或19世纪。照片由冯耀辉提供。

图433
画筒，由整段黄花梨树干制成。外部雕刻有树木盘结状纹饰。照片由毕格史夫妇提供。

图434

图435

图436

博古架

文人雅士多爱收藏青铜器、玉器、鼻烟壶，甚至茶壶或其他茶具等古董文玩。为了便于在书房中集中展示这些藏品，一种多架层、多功能的架子便应运而生了，这就是博古架，也称多宝格。有些博古架雕刻繁复（图434、图435），有些则较为朴素，还有一些厚重稳固的可以当作书架使用。图436中这例较为特殊，外观类似炕桌，只是更为矮小，可能是用来摆放神像和香炉的。

拴扣雕件及小雕像

拴扣是民间另一种颇具代表性的把玩之物（图437）。虽说拴扣本是用来将小物件固定在腰带上的一种微雕（与日本的根付类似），但也可以将其放入口袋中，随时摩挲把玩。因此，藏家米夏埃尔·沃尔夫称其为"袋中怪兽"。拴扣还可以作为桌案摆件提供装饰。

从实用的角度来看，将拴扣悬挂在腰带上，可以起到平衡和固定的作用。较为细长的拴扣可以开两孔，以防止绳子扭结在一起，这样的方便之处在于，人们无须解开腰带就能轻松取下佩戴的小物件。

这种小型雕刻件造型多样。从鼓形、鞋形、寿老等天神形象到各类花卉形象以及诸如猴子、青蛙、蝉和狮子等

图434
紫檀博古架，器型较小，仿古玉纹饰。制作于19世纪。照片由冯耀辉提供。

图435
楠木几案，透雕蝙蝠纹饰。可能来自安徽省，制作于18或19世纪。照片由洪光明提供。

图436
黄花梨翘头几案，外观类似炕桌，但仅有12英寸（约30厘米）长。制作于清初。黄志达的藏品。

图437
拴扣，常用作在腰带上悬挂钱袋、筷子或扇子等小物件时的配重平衡之物。蒋汉娜的藏品。

动物形象，不一而足。就材质而言，不乏用象牙或玉石雕刻而成的，但黄杨木、果木和瘿木更为常见。就雕工而言，有些是精雕细刻的，但大多数都很粗糙，可能是主人自己一时兴起制作的。

除了拴扣，木质的小雕像以及其他把玩之物也很常见（图438~441），比如小型的罗汉雕像（图439）、由一段瘿木雕刻而成的与众不同的鸭子（图441）等。文人雅士的桌案上经常摆放乐器或笔筒等物，而商贾则多摆放动物雕刻件，以求好运或作为紧张时缓解情绪的抚弄之物，比如图440中的兔子。这件精美的摆件由柞木（中国橡木）制成，是古董商黑洪禄先生的心爱之物。

图437

图438

杂项

在中国古代，鸟笼几乎是富裕之家的必备（图442）。鸟笼形态各异、材质多样，比如图442的清代鸟笼是由经过抛光的紫檀木和象牙制成的。

自古以来，中国的乐器都是按照材质进行分类的，可分为石、木、土、革、竹等。有一种用来控制节奏的木质打击乐器，称为响板（图438）。三块响板以丝质线绳松散地连在一起，用以控制节拍。响板本是中国传统戏曲中的必备之物，但已逐渐被淘汰，现如今仅在江苏、浙江等地的昆曲表演中经常用到。

图439

图440

图442

图438
响板，一种乐器。照片由蒋霭玲提供。

图439
罗汉小雕像，由整块橄榄石制成。制作于19世纪。戴维·霍尔珀林（David Halperin）的藏品。照片由傲斐艺苑提供。

图440
把玩之物，放置于桌案之上供人抚弄。这只兔子造型的小雕塑使用柞木制成，一直摆放在古董商黑洪禄先生的桌子上。

图441
鸭子造型的小雕塑，由瘿木制成。制作于18世纪。照片由傲斐艺苑提供。

图441

图442
来自北京的清代鸟笼，由紫檀木和象牙制成。黑国强的藏品。

159

第11章
经典款与民间款

在古代，优质家具一向是等级地位的标志（图443）。最早出现的高型坐具，比如卧榻和胡床等，均是王侯将相的专属之物。起初，等级之间的界限泾渭分明：平民百姓席地而坐，上层人士高高在上（图444）。

明成祖朱棣在位期间，重建宫廷作坊，并从全国各地招募了许多工匠。这一时期，家具变得越来越普及，家具上的阶层印记也逐渐淡化。在古代，地位最高者是皇室，其次是文武百官，他们深受儒家传统思想熏陶，极为重视纪律、节俭、忠诚和孝道。不过，经济的繁荣推动了社会的变革。明朝初期，随着农业的发展进步，人口不断增加，许多新的产业也应运而生：纺织业、制陶业、炼铁业和造船业。1521—1620年的百年间，江南地区的贸易额增长了10倍之多。此外，随着海运政策的改变，东西方之间的货物流通更为顺畅，这对当时人们的生活标准产生了巨大的影响。明万历年间，明政府从海外购进大批奢华的硬木家具和漆器制品。几乎是一夜之间，商人骤然增加，商人社会地位也

得到了提高。从前处在社会底层贩卖茶叶丝绸的小商贩，而今扶摇直上，在经济领域手握大权。随着皇权旁落，政风日下，买官卖官现象日益严重，阶级之间的界限愈加模糊。

在每种文化中，新兴中产阶级都会通过涉猎艺术领域来炫富并赢得尊重，明朝的新贵们也不例外。随着阶级阶层的变动，商贾争相效仿上层阶级的生活方式，这种现象被洪光称为传统阶级体系的"本末倒置"。新贵们在艺术品和家具等装饰性的居家用品领域花费较大。这对工匠们来讲也意味着更为丰厚的佣金。在广州和江苏地区，木匠成了一种备受尊重、收入丰厚的职业。

家具一直是皇室和那些通过科举考试进入官场的文人们醉心痴迷之物。柯律格教授在其著作《长物：早期现代中国的物质文化与社会状况》（*Superfluous Things: Material Culture and Social Status in Early Modern China*）一书中指出，"在儒家的价值体系里，人们致力于创造卓越的美学价值。"明初期，收藏家们似乎只关注前朝的古物，比如青铜器、玉

器和卷轴类书画作品等。因此，上层人士都忙于研究和收藏这些古玩。到了明晚期，社会等级制度的改变致使人们更多地转向了现实的物质消费。柯律格教授在其书中进一步指出，构成"原始消费者"的要素其实在1600年（明晚期）之前就已存在。当时，无论是景德镇的瓷器等奢侈工艺品还是黄花梨等名贵硬木，只要财力允许，任何人都能买到。

图444

图443（第160页）
两张条桌，其上分别放置一个清代黑釉清漆的酒罐；一个方形炕桌，其上放置的是一件夏朝时期的陶器。克里斯托弗·诺托的藏品。

图444
高高在上者与跪卧于地者。明代小说中的插图，画中一男子端坐于六柱天蓬床前，正在审问跪在地上被捆绑着的奴仆。男子旁边的条桌上放着文房用具。图片由伍嘉恩提供。

图445

许多新贵的社会地位不是通过读书考取功名，而是通过其经济实力获得的。当时，还没有古驰（Gucci）和卡地亚（Carier）这些世界名牌，可以彰显其地位，唯一被广泛认可的、能够提升其身价的设计和工艺"标签"便是拥有仿制宫廷作坊或高级定制作坊的作品。宫廷作坊经常会给出设计样式，委托高级定制作坊制作成品。由于当时还没有版权的概念，许多工匠在为富有主顾制作家具时便可随意"借鉴"这些设计。这种现象造成了文人藏家在品味判断家具时的困扰。经典的阶层冲突出现了："暴发户"越是试图仿效文人雅士的品位（图445、图446），后者便越是尽力与眼中的粗鄙风格（图447）保持距离。

在明朝末年，不断进取的商贾阶层

图445
当代学者兼古董商柯惕思位于上海的家，其家具陈设方式展现了中国古代文人雅士的审美风格。

图446
黄花梨笔筒，其外部雕刻纹案为仿松柏树干表面自然粗糙的样式。制作于19世纪。照片由冯耀辉提供。

图447
冰裂纹圆角柜，可能是置于厨房使用的，为浙江本地样式。虽被归于圆角木轴门柜类，但其底部粗糙的抽屉使其有别于其他经典款式。制作于清晚期。新加坡安董堂古典家具公司的藏品。

图446

图447

图449

图450

图451

渴望提高社会地位，这激发了上层人士的竞争意识，于是适宜的居家陈设（图448）应该遵循哪些准则似乎变得更为重要。明晚期学者、书画家文震亨家世显赫，是文徵明曾孙，曾强烈谴责官场的腐败。他的著作《长物志》，指出了当时社会价值观的衰落和炫耀性消费等许多问题。文震亨的著作内容同明代富商之子、著名的藏书家高濂的早期作品《遵生八笺》有相似之处。后者也同样提到了适度的装饰（图449）和恪守礼仪的问题。明朝的士大夫须谨遵礼仪礼节，不能有误。一个花瓶里须放几束花？红色花束与白色花束混合搭配是否合适？是否只有夏季能使用陶瓷花瓶，冬季须替换成青铜花瓶？供案的翘头幅度过大是否有失优雅？雕刻如意头还是精美的龙纹，哪个更为适宜？天蓬床的幔帐是用简洁的蓝色薄纱还是用带有彩绘画面的丝绸？

学者洪光明认为，上面提到的阶层冲突导致当时家具风格的审美差距变得更大。他指出，商贾阶层倾向于"过度装饰"，追求使用更多的雕刻、镶嵌件和漆料（图450~453）。而文人雅士恰好相反，更为注重自然和谐，审美标准也更严苛：简洁的曲线、适度的雕刻以及木料的天然纹理。他们多从先贤那里汲取时尚灵感，借鉴商、周、秦、汉时期的纹饰。同髹漆描金的折叠凳相比，仅用银质合页装饰的折叠凳明显更受文人雅士的欢迎。在他们眼中，简约朴素的卧榻是雅致美观的，而雕刻复杂的拔步床则是粗俗不堪的。总而言之，家具看起来要尽可能地纯朴自然。以天然树根制成的机凳和画筒（图445、图446）以及木质玫瑰椅或仿竹式桌案（图454）均为这样的作品。

这与当今的古董家具买家有什么关系呢？关系很大。"经典古董家具"一词指的是流传下来的、按照文震亨、高濂等学者所推崇的简约原则制成的明式风格硬木家具。当今的藏家需要注意，目前市面上大多数的经典古董家具均不是

图449
来自山西省的榆木条桌的壶门式牙板，民间款。该条桌为范氏兄弟在北京购得。

图450
清乾隆年间衣架细节图，透雕云蝠纹。照片由王就稳提供。

图451
来自福建省的黄杨木拔步床上透雕的绦环板细节图。制作于19世纪。照片由王就稳提供。

图452
清乾隆年间黄杨木灯架，或者是个衣架。精雕细刻的象头及象鼻，上托莲花座。其繁复精细的雕工是乾隆时期的典型特征。可能来自浙江省。照片由王就稳提供。

制作于明朝的，而是制作于清朝初期至中期。康熙年间，明式家具的主要设计元素仍能保留，但其简省的美学设计已被繁复的雕刻纹样、漆料、珍珠母和大理石嵌板等外在装饰所取代（图455）。北京学者田家青认为，明朝时期形成的这种高雅品位之所以在清朝逐渐减弱淡化，一定程度上是由于文人阶层和汉人官员对于清政府的影响较小。1644年改朝换代后，八旗子弟对于象征权力的龙、麒麟和凤凰等图案越来越感兴趣，精妙的细节则不是清皇室所推崇的。

区分"经典"家具和"民间"家具尤为重要。在业内，"民间"一词已成为软木的同义词。不过，这显然是一种误导（图456）。很多人认为，"民间"意味着这类家具是为"目不识丁"的阶层或稍有财力的商贾阶层准备的。但事实并非如此。柯律格教授在其书中指出，深受儒家思想影响的文人雅士都是崇尚节俭的，因此他们也有大量的家具是使用当地的软木制成的。此外，虽然现在硬木家具为人垂涎，也更昂贵，但在明晚期时，上层人士中很多人其实更钟爱髹漆软木家具，喜爱程度甚至超过了硬木家具。据史料记载，在明朝大奸臣严嵩被罚没的资产中，有一张髹漆拔步床，其造价是他另一张花梨木床的15倍。依据家具木料是硬木还是软木来判定其所有者的社会地位及阶层，这对大件家具

图452

图453

图454

图453
河南巩义康氏庄园内一年轻女子的内室，清晚期的装饰和陈设风格。

图454
软木仿竹方桌细节图。照片由蒋霭玲提供。

图455
罗汉床，围板内嵌圆形大理石，其纹理类似山川云雾，为江苏省甪直镇沈宅所有。

图456
南官帽椅（正面及侧面）。虽为黄花梨木制作，但其比例异于标准比例，因此椅子略显笨重，疑似民间款。产自北方地区，该南官帽椅可能为清初期制品。靠背板上刻有如意龙纹。黄志达的藏品。

图455

（比如桌案、椅凳和床具等）来说是可行
的，但对摆件这样较小的家居装饰物来
讲却没有多少指导意义（图457~459）。
文人雅士使用的食盒、乐器几架、木质
冰鉴甚至茶壶桶等小件物品多是软木制
成的。以琴桌为例，它是上层人士的必
备之物，将古琴置于其上弹奏，可以增
强音色，但琴桌大多是用本土软木制成
的。再比如图459中这件榆木锡制冰鉴，
若按照木料种类划分，它无疑属于"民
间款"，但它却是上层人士在炎炎夏日
用来降温之物，其拍卖价格也是节节
攀升。

图457中这对榆木鸡笼也是一个很
好的例证。它们为一富庶的山西人家所
有，不是普通的提笼，而是在迎亲队伍
沿街行进时用以展示里面丰厚嫁妆的。
波浪状的立柱笼杆、雕工精细的提手，

图456

图457

图458

图459

图457

来自山西省的成对榆木鸡笼，曾髹黑漆，为古时的婚礼仪式用品。制作于19世纪。王就稳的藏品。

图458

清中期黄花梨木工工具箱，可能是用制作大型柜子或翘案余下的木料制作的。黄志达的藏品。

图459

榆木冰鉴，堪称古代"空调"，内置白铜底座。这类冰鉴在华北地区的夏天使用广泛，尤其是在北京地区，通常用软木制成，配以锡制内衬。将冰从冰窖中取出，放进冰鉴，

这样冷空气便可以从顶部的开孔中逸出。除此之外，冰鉴还可用于冰镇酒水或水果。照片由黑国强提供。

图460

南官帽椅。为晋作风格，仅在山西地区可见。同图461中精美的扶手椅相比，它显得更为质朴。马可乐的藏品。

图461

产自山西省的民间款官帽椅。范荣的藏品。

图462

民间款条椅四具一堂。照片由克里斯托弗·库克提供。

都表明了这件看似"实用性强"的物品实则是用来展示和炫耀的。而图458中的黄花梨箱（可能是用制作某个大件家具时的余料制作的），虽为硬木材质，却可能是用来存放木工工具的工具箱。

虽说民间款的家具看起来不那么精致，接合件又时常外露，但产自山东、山西和福建等地的家具，虽然其比例和曲线设计有些夸张，但却不失美感。如图460~462所示，这些带有区域特征的椅子可能就是为当时的新贵家庭设计制作的。虽说其比例不太协调，使椅子看起来有些笨重，但靠背板不同寻常的弧度、扶手玲珑迷人的曲线均给人一种趣味盎然的感觉，兼具惬意与实用性，与前面第45~46页展示的经典四出头官帽椅相比明显不同。那些产自17世纪的经典椅子，设计更为保守，更为传统，备受文人阶层的青睐。

清朝时期，家具愈加普及，对于普通民众来说也不再高不可攀。不过，为了迎合新贵阶层以及区域审美的需求，家具的设计趋于浮夸。越是远离苏州和北京等文化中心的地区，似乎其创造性和实验性就越强。

民间工匠的设计方向是为皇室等上层人士服务的工匠永远不敢尝试的。有时，民间的设计实验性过强，近乎玩闹。比如图463中这把奇特的椅子，称

图460

图461

为"暖椅",是将炭炉置于椅子座面下方,烧煤加热的,据说是由明末清初的大才子李渔设计的。

若沿着社会等级的阶梯向下看,家具装饰的精美程度也在逐级降低,比例不协调的问题愈加明显,座面也更为低矮。例如,图464中的黄花梨太师椅,比例偏差较大,显得不够大气,而图465中的这对来自河北省的经典比例的榆木太师椅,则较为紧凑牢固。图462中的民间款灯挂椅,整体极为朴实。

那么,为什么拍卖行仍热衷于根据家具材质和所属阶层来评估家具呢?这主要是一种营销策略。例如,佳士得和苏富比等拍卖行刻意强调其拍品来自"文人雅士的书房",以此来提升拍品的知名度和身价。对一些藏家来讲,区分阶层是为了附庸风雅,而许多古董商也

图462

正是通过硬木家具的交易确立了自己在业内的声誉（软木家具一度被认为缺少价值）。

"很多藏家或学者都认为16世纪或17世纪是中式家具的巅峰时期，我却不敢苟同。"设计师陈仁毅说道。他不仅指责拍卖行，而且对于一些20世纪80年代进入这一领域的早期藏家也颇有微词，认为他们"由于个人品位问题及学识有限"，对中国古典家具有所曲解。

"让我们面对现实吧。1985年之前，中国人连一本自己写的、像样儿的家具著作都没有。"由于运输受限，家具不易得，任何关于家具的可用信息都是不完整或者不准确的。"中国学者在研究中式家具时，往往以拍卖行的最高拍卖价格作为判断家具品质的准则，这样的做法过于主观，很容易引起混淆和困惑。"陈仁毅说道。一个明显的例子是，软木家具因为材质价格低廉，10年前拍出的最高价格仅为2万美元。这与硬木家具相差甚远，软木家具本身的价值完全没有得到体现。目前，西方人极为看重明式家具，但是现在也有很多人在研究宋元时代的家具。因此，他认为，至少还需要5年时间才能将中式家具的真正价

图463

图463
来自山西省的榆木暖椅。制作于18或19世纪。王就稳的藏品，照片由蒋汉娜提供。

图464
来自山东省的成对黄花梨太师椅，民间款。制作于18世纪或19世纪。蒋汉娜的藏品。

图464

具都是宫廷御品以及古代文人的书房用品。就木料而言，核桃木和榆木家具要比槐木、杨木和松木家具更为贵重。此外，家具的保存状况和产地也很重要。江苏、山西甚至安徽等地制作的家具较为精细，而四川、云南等偏远省份则几乎没有家具文化的沿革。

在广东省珠海市的古玩市场，民间款的小物件比比皆是，比如食盒、分层都承盘以及用来携带饺子和米饭的篮子。图473中这件较为少见的用来盛放并携带米饭的米桶，为上层人士所用之物，而体量更大的用来装生稻米的藤编提篮（图474）则更为常见。现如今，这些老旧的米篮子和米桶经过回收再利用，成了洗衣篮或杂志架。不过，即使是最普通的居家用品也有其装饰性。在中国"古董"领域的赛道上，任何因年深日久的使用而带有岁月光泽的老物件都是大家竞相追逐的对象。

其中最热门的要数不起眼的机凳了（图468），它是真正跨越了阶级界限的家具。在富人家里，这种简单的坐具一般呈现的是正统的外观：比例规矩，马蹄形腿足。有些富人比较喜欢桶形或腿足外张的机凳。在穷人手中，机凳的造型可谓百变而随性，极富创意。图467中的折叠凳，是在山西省发现的，便是一个典型的例子。凳子的原主人不仅用麻线和橡皮管对破损的座面进行了修补，还在腿足间插入一根线绳并串上数枚钱币，既能用来装饰，还能发出声响。这种创意的魅力势不可挡，就连之前只钟情于高端硬木家具的古董商黑洪禄先生也为之心动，入手了多个以备销售。图469则是一件用现代的橡胶轮胎翻新而成的折叠凳，成功地吸引了摄影师米夏埃尔·沃尔夫的视线。虽说封建王朝时代早已过去，但即兴改版的古代家具在如今的街道上依然可见。

随着人们古董家具鉴赏和识别能力的提升，以及硬木家具越来越稀少，地方特色浓厚的家具的接受度也在不断提高。2002年9月，纽约佳士得的一件

制作于19世纪的小型龙眼木圆角柜拍出了1.8万美元的高价，是1992年同款圆角柜拍卖价格的10倍。现在甚至有一些藏家专门搜寻清朝或民国时期街头小商贩用过的民间款用具（图475~482）。在这些粗糙的"街头家具"中，凳子最为常见，尤其是那些磨光铜镜、理发或修

补瓷器的手艺人使用的。蒋汉娜就收藏有这类街头家具，包括一件街头煮饭架（图475）、一件饺子售卖箱（图476）以及一件食物加热箱（图479）。这些街头家具通常用杨木和榆木制成，并经过髹漆处理。

图473

图474

图475

图473
明万历年间一家皇家作坊的竹制米桶，髹朱红漆。可能来自安徽省。照片由蒋霭玲提供。

图474
来自江苏省的藤编提篮，做工较为粗糙。制作于19世纪。王就稳的藏品。

图475
街头煮饭架。蒋汉娜的藏品。

图476

图477

图478

图479

图476

来自河北省的髹漆售卖箱，是街头商贩使用的，多放置在小推车上四处移动，可能是卖饺子用的。制作于19世纪。蒋汉娜的藏品。

图477

来自山西省的髹漆松木售卖箱，是街头商贩使用的，多放置在小推车上四处移动。制作于19世纪。蒋汉娜的藏品。

图478

街头手艺人的工具挑箱。民间款，用以修补金属器皿、家用瓷具及其他生活用品。顶部装有类似气泵的东西，可以在需要借助火焰修补器皿时助燃。新加坡安董堂古典家具公司的藏品。

图479

街头小商贩使用的食物加热箱，松木材质，来自山西省，可能是民国时期制作的。这类用具极易损坏，因此存世的不多。蒋汉娜的藏品。

图480
来自山西省的槐木及杨木理发凳和带抽屉的工具箱。这类凳子中有些顶部带有投币口，而工具箱上的火盆是用来烧水以供理发时使用的。制作于19世纪50年代。

图481
来自山西省的街头商贩的操作台，可用于挤压果汁和蔬菜汁。制作于清晚期。新加坡安董堂古典家具公司的藏品。

图482
来自河北省的独轮手推车。制作于清晚期。新加坡安董堂古典家具公司的藏品。

图480

图481

图482

第12章
地域差异

20世纪80年代中期，中国古董家具收藏热潮初现，明式家具成为其中的焦点。这些由实心花梨木制成的明式家具，雅致经典，历经400年风雨仍然完美无瑕。当时的藏家几乎都会参考王世襄那本影响深远的著作《明式家具珍赏》，该书主要介绍的是产自江南沿海地区的家具。由于藏家们将此书奉为家具形制方面的圣经，于是江南地区的硬木家具便成了众人梦寐以求的理想之物。

20世纪中期，学者们痴迷于北京和江南风格的家具（图483、图484），其样式精美而又不断演进，不过，它们并不是唯一历经数百年风格演化的家具。之所以钟情于这两地的家具，一部分原因是出于学者自身的审美偏好，另一部分是因为接触不到其他风格的家具。王世襄刚刚涉猎古董家具收藏时，到北京郊区去寻宝堪称冒险行为。实际上，他和陈增弼等人更关注的是那些通过各种渠道流入北京市场的古董家具。

平心而论，要明辨中式古典家具的地域差异实属不易，尤其是在评估硬木家具时，因为明朝时期的设计样式已经非常标准化了。而且，京城之外的工匠必须定期到宫廷作坊服劳役以抵扣赋税。在这种强制制度下，来自不同地区的工匠逐渐接受了宫廷作坊的工匠定下的规则。再者，当时的许多官宦贵族在定制硬木家具时，明确授意只要经典款式，不能掺杂任何地方特色，于是这些基础形制得以代代相传。不过，由于当时的官员经常外任，其家具可能来自天南海北，因此想要判断其出处更是难上加难。例如，古董商在安徽或河南购入的桌案很可能最初是在广州制作的。

20世纪90年代初期，随着市场上明式硬木家具流通数量的逐渐减少，人们对于区域性家具的兴趣才逐渐提高。古董商在开始入手软木家具以扩大经营范围的同时，也开始研究和探索具有地域

图484

图483（第178页）
梅兰芳故居四合院中的某处厅堂内景，位于北京西城区什刹海附近。

图484
典型的清式椅子和茶几，樟木材质，苏作。通常来讲，在正规的厅堂内，一般的陈设样式为4个茶几和8把椅子，并分成4组摆放。马可乐的藏品。

图485

图486

特色的家具。他们迅速出手购入了许多民间款家具，不过，学术界明显慢了半拍。除了柯惕思关于马可乐先生的晋作家具藏品的书籍以及白铃安的《家居之友：中国城市与乡村的家具》（*Friends of the House:Furniture from China's Towns and Villages*）这几本书之外，学术界几乎再无其他关于民间各地区家具的著作了。例如，福建省的髹漆柜子或广州的华丽灯挂椅，这些都没有学者去研究和著述。

如今存世的软木家具大多是在清中期（18世纪50年代）到民国期间制作的。在此期间，家具已普及至社会的各个阶层。虽然工匠仍受到宫廷作坊设计样式的影响，但是他们制作的大部分家具都是为了迎合当地主顾的商业品位，与上层人士追求的家具大不相同。因此，区域性软木家具的创新性更为明显，所以学者和古董商很容易对其进行分类。

虽说按照区域对家具进行分类有一定的局限性，但是走南闯北、四处寻宝的古董商在几个主要流派的界定上还是达成了共识。这些区域，其风格自成一体，与众不同。比如江苏地区（尤其是苏州）、浙江地区（包括港口城市宁波，虽然其家具风格在浙江省内也是独树一帜）、广东地区、福建地区、山西地区、北京地区（或华北地区）以及上海地区等。划分的主要依据是木料偏好、接合件样式、尺寸比例以及雕刻风格等。

苏作（江苏风格）

在王世襄的《明式家具珍赏》中重点提及的便是江苏地区制作的家具（图485~489）。江苏地区的家具通常指产自苏州的家具。苏州曾是整个江南地区的文化中心，中国大部分雅致而精美的家具均出自此地。苏州位于京杭大运河沿岸，曾是明朝至清早期硬木家具的京外汇聚地。不过，也有学者认为，明清时期京杭大运河沿岸的其他城市，比如扬州，也曾一度成为与苏州媲美的家具制作中心。

除了经济实力雄厚，苏州还是学术中心和高雅品位的代名词。苏作家具有种内敛的美。即便是在崇尚繁缛设计的乾隆时期，苏作家具依然保持了相对含蓄低调的风格。当时，格栅结构和仿古玉纹饰备受推崇。木匠们还钟情于自然主义的设计样式，比如仿竹式设计。虽说最好的家具都是用黄花梨制作的，但是榆木家具在苏州地区也很常见。

由于进口的珍贵木料优先进贡朝廷或供给广州等沿海城市，因此江苏地区的木料资源相对缺乏，工匠对待名贵木料也更为精打细算：杂木为骨，将优质木料以包镶工艺置于外露表面。为了弥补硬木大料不足的缺憾，苏州的工匠通常是将硬木小料雕刻成几何图案，攒成大件的柜子或桌案。俗话说得好，"好钢用在刀刃上"。这种方式不仅经济而且实用：镂空的格栅结构在炎热的季节里具有很好的通风效果。

苏作家具还有其他显著特征。早期的圆角木轴门柜为圆腿足，且外张明显。苏作的木工接合件也与广东或北方省份的迥然不同。通常来讲，江苏地区的木匠更喜欢使用暗榫。也就是说，榫头不从榫眼穿出，榫眼不会贯通部件，因此从家具的表面是看不到榫头的。这无疑更为耗时费力，虽说精美，但在诸如广东等需要量产家具的地区，许多工匠是无心也无暇行此举的。设计师陈仁毅指出，在北方地区，木匠们还停留在15世纪的传统技法上，重点关注家具的强度和耐用性，很少考虑美观问题。在南方，透榫的存在可能要归因于买家的疑虑。据陈鉴泉介绍，为了避开廉价的胶黏合式家具，有些买家只有看到明榫的接缝才能确定自己买到的是使用经传统工艺制作的家具。

攒边打槽装板法中的斜接榫也是苏作家具的典型特色。通常来讲，接合件的安装方式都是垂直的，不过这一地区的工匠别出心裁，这也为木工技艺的发展做出了重要贡献。此外，椅子的座面多为藤制软屉，而其他地区的多为实心木板。清晚期时，这一地区的椅子上多有搭脑和短扶手。

图487

图 487
鸡翅木长凳，20世纪30年代风格。来自新加坡的私人藏品。

图488
翘头供案，侧板透雕，为上层人士所用之物。照片由王就稳提供。

图489
黄花梨圆足霸王枨条桌。冬夏两用桌，腿足可从某一竹节处拆开。在冬季可做炕桌，在夏季可用作置于地面的餐桌。制作于17世纪。侣明室收藏，照片由伍嘉恩提供。

图488

图489

广作（广式风格）

　　珠江三角洲和广州府的海上贸易十分活跃。15世纪，朝廷解除了海运禁令，于是参与海运的贸易商如雨后春笋般涌现。随着私人财富的增加，人们对于精美家具的需求也与日俱增。据说，广作家具十分紧俏，当地家具工匠的收入是其他地区的3倍之多。

　　广作工匠不仅创新了木工接合件的样式，还形成了自己的设计风格，并因17世纪发明了一种名为款彩的髹漆工艺而闻名。这是一种在漆胎上雕刻图案后再添加其他颜色漆料的工艺，是专门为外销商品开发的。据柯律格教授介绍，起初海外市场将款彩屏风称为"班塔姆"（Bantam），是以印度尼西亚的中转港口班塔姆的名字命名的，到了19世纪改为"科罗曼德尔"（Coromandel），是以印度科罗曼德尔海岸这一贸易中转站命名的，最终确立并沿用至今。款彩是一种

装饰工艺，在厚厚的黑漆上雕刻各种造型，去掉多余的漆料以露出漆灰，然后填充彩色或油性漆料。不过，由于这种风格的热度在西方逐渐消退，广作工匠又借鉴了日本的漆工艺——莳绘。这也是一种装饰工艺，要将金粉撒入具有一定造型轮廓的湿漆中，待漆凝固后再做推光处理，尽显华贵。莳绘工艺曾一度风靡大江南北，连清皇室也倾心不已，以至于将广作工匠招至京城，专门为宫廷制作此类器具。正如柯律格教授所言，这也是外销市场与国内市场首次出现合流的情况。

　　南方地区的富人素有炫富的风俗，且不惜重金。广州地区出产的橱柜等大件家具通常是用大块实心木料制作的，这显然需要上好的进口木材。这种奢侈与江苏地区崇尚俭省的理念大相径庭。后者认为，好木料应该用于家具表面和主要的承重部位，装饰性的嵌板完全可以用小料按照几何图案的样式攒制。

也许是为了迎合当地主顾的品位，广作家具风格较为华丽，有些甚至称得上绚丽夺目。广作工匠喜欢将许多色彩明艳的装饰性材料（比如景泰蓝釉料、大理石等）用在木纹理色泽较深的木料（比如红木）上，以形成鲜明的色彩对比效果和视觉冲击力（图490、图491）。这种风格在清晚期尤为盛行，且在清皇室的定制家具上也有体现。此外，广作工匠为宫廷制作的家具在比例和形制上也是别出心裁，比如极高的束腰、大胆的矩形回字纹马蹄足等。

　　广作椅子同其他地区的相比，不同之处在于其靠背板特别平直，且装饰华丽，常常饰有圆形的透雕纹饰或圆形大理石嵌饰。相比之下，相似款的苏作椅子的靠背板是平直的素板。广作椅子和桌案的牙板上通常雕有纹饰，而苏作椅子的牙条部位通常也是素板。

　　广东是中国对外交流的门户，因此广作工匠受到西式设计的影响也在意料

图490

图491

之中。在广作宫廷家具上，能看到罗马建筑中圆形立柱的身影，西式的花卉图案也很常见。随着英国、荷兰、瑞典甚至丹麦的公司纷纷在广州建立仓库，海上货运业更加兴旺发达。很多货船的船长拥有自行交易的权利，原本主要做茶叶和外销瓷器的生意，后来开始打擦边球，兼做一些出口家具和漆器生意。在这个过程中，西方风格对广作工匠的设计影响也越来越大。

18世纪，广作工匠开始接单"出口家具"生意。至于这些工匠如何分配在国外买家和国内买家身上投入的时间，我们不得而知。不过，英国伦敦维多利亚和阿尔伯特博物馆藏有一件上好的中国花梨木书架，约制作于1770年。根据其上的铭文可知，尽管这个工匠可能从未亲眼见过西式书架，但他明显对书架的功能了然于心。丹麦艺术设计博物馆也藏有17世纪中叶从中国进口的家具，代表性的作品包括一件周身髹红色、绿色和黄色漆，门扇上高浮雕溪水和群鹅风景纹饰的橱柜，以及一件类似宝座的

椅具，雕有五爪神龙、卷云纹和岩石纹等纹饰。在丹麦商人安德烈亚斯·博登霍夫（Andreas Bodenhoff）于1782—1795年间建造的乡间庄园里，还发现了一件制作于18世纪晚期的中国竹椅。据丹麦艺术设计博物馆的馆藏资料显示，当时以"中式家具和中国瓷器等来布置单一房间或整个避暑庄园"的做法在大多数欧洲国家都很常见。柯律格教授也曾指出，这些欧洲定制款在当时并不少见。广州地区的出口家具种类繁多，从绘有精美风景的磨砂黑漆柜到类似安妮女王椅的修长条椅，应有尽有。

民国时期，家具的外销热潮再次涌现。广州的伍常家具作坊（Ng Sheong）是一家专供西式家具的工厂。一个多世纪前，这家作坊曾印刷过一份产品目录，其中红木家具设计样式的部分高达200页，包括清晚期时广作的代表作U形椅和雕刻有葡萄纹饰的西式灯挂椅等，均为精雕细刻之作。其中一款扶手椅被称为"查理二世"风格的再现。

民国时期，曾有数百件广作红木家具运抵英国。香港古董商陈鉴泉经常到英国去淘宝，他发现伦敦市场90%以上的所谓中式家具其实都是这种外销风格的家具。陈鉴泉曾写道，"广东人非常关注吃什么，而不在意坐在哪儿吃。"言外之意是，他们的家具设计很一般。相比之下，苏作工匠更注重建筑和家具本身的设计制作。

浙江风格

清晚期至民国时期，宁波作为浙江省最大的城市，其本身是活跃的贸易中心，浙江省也因此经济实力不俗。浙江省还毗邻当时重要的家具生产中心上海。宁波的家具风格颇为独特，易于辨认，但对于浙江省其他地区的家具，古董商们仍然很难将其与上海产的家具区分开来。据资料记载，在陈鉴泉等古董商最初买进的中式家具中，大部分都是从政府组织的交易会上入手的，标注的来源地为"上海租界"。当时大家普遍认为这些家具就是产自浙江省的。浙江

图492

图493

图490
广作红木圆形靠背椅，雕刻有竹子及葡萄纹饰，镶大理石嵌饰。制作于20世纪早期。照片由陈鉴泉提供。

图491
广作红木方形靠背扶手椅，透雕如意，靠背板上雕刻有蝙蝠及桃子纹饰。制作于19世纪晚期或20世纪早期。照片由陈鉴泉提供。

图492
来自浙江省的红木禅椅，大理石板心。制作于19世纪。照片由王就稳提供。

图493
禅椅，大理石板心，购自"上海租界"，可能是在上海或浙江的作坊制作的。

图494

图495

图496

图497

图498

省制作的椅子扶手较为短小，并常有大理石嵌板，图492和图493所示的禅椅便是如此。髹矢漆、门扇上的束腰嵌板等也是这一地区家具的特色。同苏作家具相比，浙江风格家具的民间风格明显更显著一些。

清晚期至民国时期，宁波的家具风格在整个浙江省独树一帜，不过精细程度稍差一些（图494~503）。工匠在制作柜子时多使用杉木等颜色较浅的廉价木料，并常将深色和浅色木料混搭，比如图499中的朱漆柜，是浙江地区柜子的经典样式。白铃安指出，朱漆雕刻是宁波地区家具的一大特色。不过，四川和湖南等地也有朱漆雕刻工艺的家具，因此很容易混淆。

浙江地区的雕刻内容多为民间故事、神话传说或常见戏曲。湖北、山西和湖南等地的雕刻风格亦是如此。不过，北方地区的家具雕刻纹饰更为简单明了，仅展现单一主题。而南方地区的家具雕刻则相当繁复，天蓬床的每一块绦环板或柜子的每一块门扇上都会讲述一个小故事。常见的雕刻纹饰有八仙、富含象征意义的小说（比如《红楼梦》）中的场景），以及佛教八宝（即佛教教义中的八种法器）。

图499

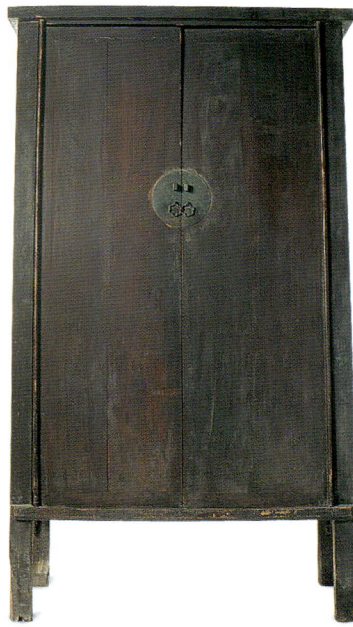

图500

图501

图502

图503

图499
来自浙江省的朱漆柜。王世襄在著作中提到过这款柜子，是该地区较为经典的样式。同该地区其他柜子相比，这件柜子制作较为精美。制作于19世纪。马可乐的藏品。

图500
来自浙江省的雪松木柜，髹深紫红色漆。制作于19世纪。蒋汉娜的藏品。

图501
来自宁波的榉木红木柜。制作于19世纪。照片由蒋汉娜提供。

图502
来自浙江省的榉木桌。制作于19世纪。照片由傲斐艺苑提供。

图503
来自浙江省的朱漆桌，有抽屉三具。制作于19世纪晚期或20世纪早期。照片由傲斐艺苑提供。

图504

图505

上海装饰艺术风格

　　清晚期至民国初期，上海成了中国主要的出口中心。因此，上海市内及周边地区涌现出大量的家具作坊。虽说在国内市场，古董商们对于上海制作的家具和很多南方其他地区制作的家具难以区分，但是当时也出现了一些风格独特

的家具，专供在中国生活的西方人使用或外销海外。其中，最广为人知的要数上海装饰艺术风格（图504~514）。这种风格的家具虽常被学术界忽视，但却是今日藏家梦寐以求之物。上海不是唯一一个制作装饰艺术风格家具的港口城市，青岛、天津和广州等地同样生产这种风格的家具，但上海地区的装饰艺术风格家具明显更受欢迎。这可能是因为上海地区使用的木料（多使用红木和柞木）以及制作工艺都是首屈一指的。

　　装饰艺术风格家具是中式家具设计的一大飞跃。出现了许多新的形制，中式家具也因此新增了很多成员，比如带镜子的多层梳妆台。现如今，装饰艺术风格家具已成为纽约和伦敦各大展厅中时尚的代表。其宽阔的大弧形转角以及棱角分明的轮廓至今仍被视为家具艺术的风尚标杆，也代表了东西方设计的终极融合。蒋汉娜指出，虽说是纯欧式设计，但上海装饰艺术风格家具仍采用中国传统的榫卯结构，没有使用一根钉子，并在转角处用更为美观的斜接代替西式的直角接合。就连最后的表面处理工艺也是中式的：没有采用法式抛光工艺，而是使用揩漆工艺，髹漆后反复揩拭，直至家具表面光亮（图510）。

　　上海装饰艺术风格家具通常使用红木制成，并配以色泽较浅的瘿木嵌板。其他的家具风格还包括早期的"工艺美术"风格、"新艺术"风格以及"毕德麦雅"风格，不过后两者都是20世纪20~30年代受外国人委托定制的。而备受香港古董商青睐的许多家具样式，很显然都是受到了奥地利设计师迈克尔·索耐特的影响而制作的。在其维也纳的工作室里，他设计制作了早期的摇椅以及圆形座面小酒馆椅。后者给中国以及其他地区的椅子设计带来了灵感，迈克尔·索耐特也因此被称为"曲木"家具的鼻祖。

　　"外国人是当地工匠的主要顾客，不过也有一些西化的中国人在定制家具时喜欢加入一些与众不同的元素。"蒋

图506

图507

图504和图505

从纽约到巴黎，许多时尚人士的家中均可见20世纪20年代风靡上海地区的装饰艺术风格及新艺术风格的家具。图中所示的是柯惕思上海家中的一对扶手椅。这种椅子非常抢手，在纽约苏豪区（Soho）那些时尚且有品位的艺术画廊里要价高达1.5万美元。

图506

来自上海的西式椅，是为西方客户定制的。样式与西欧国家音乐教室里的椅子非常接近。制作于20世纪20年代。马可乐的藏品。

图507

来自上海的红木椅，其设计样式显然是受到了西式椅子的影响。制作于民国时期。蒋汉娜的藏品。

图508

来自上海的红木椅，制作于民国时期。照片拍摄于马可乐家中。这类椅具会让人想起约翰·亨利·贝尔特在19世纪时设计的布面椅。

汉娜如是说。香港理工大学设计学院的约翰·赫斯克特（John Heskett）教授认为，这在刚刚进入20世纪时是很容易做到的。19世纪末出版的设计类杂志，比如伦敦的《工作室》（*The Studio*）以及德语杂志《德国艺术与装饰》（*Deutsche Kunst und Dekoration*）在当时的中国也可以轻松获得。"其中有许多关于家具和陈设的文章，配图丰富，还有展现整个房间布置的平板画，都是由顶级建筑师和设计师完成的，色彩明快，非常精美。"他说道。这些都是工匠们可以借鉴的良好素材。此外，加米奇（Gamages）的产品目录（约20世纪20年代）中也有大量的插图可供参考。

图508

图509

图510

图511

图512

图513

图514

图509
装饰艺术风格的樟木梳妆柜。新加坡安董堂古典家具公司的藏品。

图510
上海装饰艺术风格红木桌，抽屉带有花卉形把手。制作于20世纪。照片由台湾雅典襟艺术品管理顾问公司提供。

图511
装饰艺术风格的榆木梳妆柜。新加坡安董堂古典家具公司的藏品。

图512
上海装饰艺术风格的红木及湘妃竹镜台。制作于20世纪早期。照片由柯惕思提供。

图513
上海装饰艺术风格的红木梳妆台。制作于20世纪。蒋汉娜的藏品。

图514
来自广东省的红木椅，其设计灵感来自装饰艺术风格。虽说这类椅子大多产自上海，但广州、天津等港口城市也制作过这种样式的椅子。制作于19世纪。蒋汉娜的藏品。

京作（北京风格）

旅居北京的外国人刚刚涉猎中式古董家具收藏时，普遍认为大多数的优质家具都是北京本地制作的。然而，随着对中式家具了解的深入，他们发现事实并非如此。这些家具原本多为文官家族所有，按照古代官场的惯例，文官经常外任，所以家具的产地不一。所以，最

难确认的便是京作家具。前文提到过，京外的工匠须定期到宫廷作坊服劳役以抵扣赋税，这在一定程度上会将各地的风格元素带到京城，因而产生一些混合风格的家具。陈增弼曾说过，京作家具的特点可以用"没有"来识别：它没有苏作家具的轻盈和优雅，也没有晋作家具的厚重和保守。不过，它具有明显的皇家风范，注重工艺（图515），且多用

皇家纹饰，比如龙凤图案，尤以月牙形或弯月形龙纹居多。

这些特征在图516的两件家具上有所体现。上面的是京作桌案，制作精美，腿足带有珠边装饰；下面的是山西的闷户橱，样式较为少见，雕刻繁复。图517中的八仙桌也是一款京作桌案。

京作家具腿足上端及牙头处雕刻有连续的回纹图案，这也是其独有的特

图515

图516

图517

图515
京作木柜，正面饰板上为透雕的"卍"字纹饰。照片由台湾雅典襟艺术品管理顾问公司提供。

图516
轻盈的京作桌案（上）和厚重的山西闷户橱（下）。陈增弼的收藏。

图517
八仙桌。陈增弼判断，这张桌子可能来自北京，也可能来自河北省（其云纹牙头不同于常见的京作桌案），制作技艺不俗，做工远比北方其他地区的桌案细腻，但缺少江南地区的那种精美。陈增弼的收藏。

图518

图519

图520

图521

图518
来自河北省的樟木箱，下承底座，用来存放毛皮及其制品。制作于19世纪。照片由傲斐艺苑提供。

图519
来自河北省的圆足霸王枨条桌，云纹牙头，髹黑漆。虽然看似厚重，但细节处理十分精细。制作于17世纪。照片由台湾雅典襟艺术品管理顾问公司提供。

图520
来自河北省的亮格柜，较为厚重，柜子下面的牙条处及上面书格格板上均有透雕纹饰。照片由台湾雅典襟艺术品管理顾问公司提供。

图521
来自河北省的成对榆木灯挂椅，座面为藤制板心。制作于19世纪。照片由傲斐艺苑提供。

图522
来自河北省的樟木架格，不同寻常的比例使其看起来颇为厚重，是典型的北方风格家具。制作于18世纪。照片由傲斐艺苑提供。

图522

图523

图524

征。广作家具上也有回纹纹饰，但设计风格与京作家具完全不同。

总体来讲，中国北方的家具的腿足较为粗壮，接合件较为粗犷。在北方的家具风格中，河北省因其地理位置毗邻北京，其家具风格是在京作的基础上加入了许多其他要素形成的，具有一定的特色（图518~522）。图519中的这张条桌，具有装饰性的牙头部位，其样式较为少见。图521中这对来自河北省的灯挂椅，与更为精致的苏作家具比起来，其下半部分显得过于方正。而功能性是区分中国南北方家具风格的另一个要素。很显然，用来存放厚重冬装的家具在北方更为常见，比如图518中这件来自河北省的樟木箱，可能是用来存放皮毛及其制品的。

晋作（山西风格）

如今，晋作家具在收藏界占有重要地位。晋作家具存世数量如此之多要归功于太行山脉的天然屏障，使其在战乱年代能够偏安一隅。直到20世纪90年代中期，中国施行的改革开放政策发力，这些较为贫穷落后的地区与外界的联

系才开始增多。不过，正是由于这种半隔绝状态，山西才能免受政治动荡的影响，比如清王朝的覆灭。此外，由于煤炭资源充足，也使得山西地区的老旧家具没有经历其他地区家具的厄运，躲过了被劈成柴烧火的劫难。

目前，关于晋作家具的资料详尽而丰富，这都是古董商马可乐先生的功劳。他从山西地区入手了大量的藏品，并于1999年聘请柯惕思为其撰写了一本关于山西藏品的书籍。山西古风浓郁的家具深深地吸引着他，比如低矮的卧榻、饰有层次分明的花卉图案及弯足的闷户橱等。

山西仿佛是一个时光静止的空间，很多古老样式的家具在这里得以保留。而且，在山西省安家落户的盐业大亨与众多商贾，都是富甲一方，他们纷纷在此建造大型庄园，并购置家具陈设其中，从而保留了大量的古董家具。山西地区在明中期开始没落。时世艰难，曾

图523
来自山西省的縣黑漆槐木柜。这种风格的柜子同山西省和陕西省的墓穴中出土的许多陶制柜子模型极为类似。制作于17世纪。照片由马可乐提供。

经殷实的家族也不得不节衣缩食。每逢喜庆吉日，虽不能再如从前般定制新家具，但手上的老家具却还可以代代相传，赠予子孙。山西也因此成为古董家具商及藏家们向往的圣地。

长期以来，得益于环境的相对封闭，山西省的许多古老习俗得以保留，包括王朝时期的传统家具设计样式。在外行人看来，晋作家具有一些明显的特征。山东的一些民间款家具与其类似。晋作家具的一大标志是柜子或闷户橱的锁具面叶多使用古钱币制作。此外，山西制作的柜子较其他省份的更为方正。早期苏作圆角柜的腿足外张非常明显，而晋作圆角柜的腿足更为内收、更接近平行。有些晋作柜子甚至下承短弯足，这是非常罕见的。有一种柜子也较为特别，其外观类似于墓穴中出土的陶制柜子模型（图523）。

这一地区有许多大件柜子都是朱漆描金的（图524、图525），其中经典的

图524
来自山西省的榆木柜，上带柜帽，朱漆描金。腿足不外展，亦无闩杆。门扇上呈现的是一幅数个村庄环绕湖水的连续风景画。照片由马可乐提供。

图525

图526

图525

来自山西省的榆木柜，上带柜帽。腿足不外展，亦无闩杆。门扇两侧均为窄条饰板，牙条透雕龙纹及如意纹，其上为加盖柜膛，带有两个抽屉。朱漆描金，呈现的是中国古代故事中的名人及山水、园林场景。制作于18世纪。照片由马可乐提供。

图526

透雕饰板细节图，上为如意纹饰。这种纹饰在中国极为盛行。范荣的藏品。

山水画纹饰最为盛行。有些工艺精湛的柜子上还刻有匠师的名字。晋作家具的另一大标志是其深切而华美的雕刻，通常为动物和花卉图案以及各种透雕的几何图案。虽说中国各地都有使用如意纹饰，但这种纹饰在山西地区尤为盛行（图526）。图中，如意纹、祥云纹与灵芝纹一同呈现，寓意吉祥和幸福。

有些形制的家具是山西省所独有的，比如多人长凳及折叠长交椅，可能是供看戏时使用的，仅出现在山西省，其他地区均未发现。还有一种颇具创意的椅子，称为"暖椅"，通过在座面之

图527

下放置炉火温暖身体，是古董商蒋汉娜在山西省发现的（见第172页图463）。此外，晋作闷户橱前腿外侧多装饰有花牙（图527、图528）。

除了硬木家具，晋作软木家具直到近些年才开始被认可具有收藏价值。马可乐一直致力于改变人们对软木家具的偏见。晋作家具大都用榆木、核桃木、槐木或白杨木制成的，马可乐主要收藏的是核桃木类的家具。虽说在中国藏家心中的地位不高，但是核桃木类的家具在北美地区却备受追捧。马可乐先生认为，形制古朴的古典核桃木家具总有一天会成为藏家们心中的新宠。

虽说山东、河南及甘肃等地的家具同山西和陕西家具有类似之处，但是这些地区的家具雕刻明显不及晋作家具雕工精致。以甘肃省为例，这里的家具以其短弯足、简洁的构造和朴素的雕刻风格而独树一帜（图529~533）。虽形制变式不多，但特征明显，比如桌案的腿足呈L形，翘头幅度非常大，看起来形似青铜器的口沿（图530）。在南方，桌案的翘头其实就是桌面向上的延伸，而在甘肃，这些翘头部分已形似书挡。

尽管如此，这些地区之间家具的区分界限还是模糊不清的，想要明确判定一件家具是产自山西、河南、甘肃、陕西还是山东并不容易（图531）。以山西运城为例，这里曾是主要的家具集散中心。由于地处山西、陕西和河南三省交界处，因此很难精准判断出当地哪些家具是来自哪一地区的。大同亦是如此。大同地处山西东北部，毗邻内蒙古，这里的家具风格也是多种多样的。因此，

图528

图529

图530

图531

图527
来自山西省的榆木闷户橱，也可作供案使用。制作于19世纪。照片由傲斐艺苑提供。

图528
来自山西省的清晚期闷户橱，抽屉两具，即联二橱，面板下承四个花牙。新加坡安董堂古典家具公司的藏品。

图529
来自甘肃省的核桃木供案。注意供案翘头的样式。制作于19世纪。照片由傲斐艺苑提供。

图530
画案，L形缩进的腿足，夸张的翘头形似青铜器的口沿，髹朱漆。该长方形画案的面板为独板制成。可能来自陕西或甘肃这样的偏远地区。制作于17世纪。照片由台湾雅典禩艺术品管理顾问公司提供。

图531
核桃木闷户橱，也可作供案使用。可能来自陕西或甘肃。这种素板闷户橱在这两个省份都有发现，因此，像这样地理上邻近的省份，很难准确判定其家具的具体来源。制作于19世纪晚期。照片由傲斐艺苑提供。

图532

图533

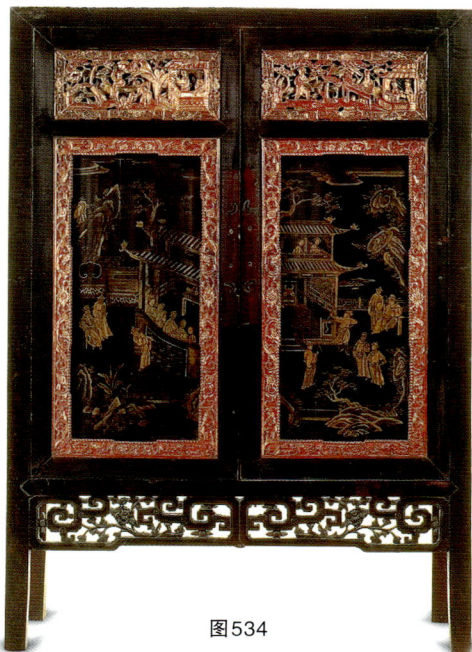

图534

图533
来自甘肃省的核桃木闷户橱。该橱展示了这一地区朴素的雕刻风格。制作于19世纪晚期。照片由傲斐艺苑提供。

按照区域界定古董家具其实并不是一个精确严谨的方法。

闽作（福建风格）

福建省制作的民间款家具，同样具有自己独特的风格，被称为"闽作"。同山西省一样，福建省在明晚期至清早期年间也是富庶之地。据洪光明介绍，1990年至1993年，他在福建省发现了数量可观的形制大气的华美家具。他指出，早期的闽作家具同苏作家具很相似，不过通常是用龙眼木制作的。随着时间的推移，闽作家具渐渐有别于苏作家具，"闽作家具更为硬朗、棱角分明，而苏作家具棱角更为柔和圆润。"仿竹式家具在福建地区较为流行，这种家具样式在苏州地区也很常见。

福建商人开始进口鸡翅木等木材后，闽作家具风格也在悄然改变，逐渐有别于苏作家具。当地人十分青睐鸡翅木，于是制作了大量的鸡翅木家具。目前市面上80%左右的鸡翅木古董家具都是产自福建省。不过，陈仁毅指出，北

图532
来自甘肃省的榆木柜，短弯足，少装饰，这是甘肃地区家具的典型特征。制作于19世纪晚期。照片由傲斐艺苑提供。

图534
闽作柜，黑漆描金，带有精美的透雕纹饰，典型的闽作家具特征，来自福建省。这一地区家具上的雕刻纹饰多为神话人物或中国传统戏曲故事中的场景。制作于19世纪晚期。马可乐的藏品。

方使用的鸡翅木多呈黄色，而闽作家具使用的是等级较低的"黑鸡翅木"。虽说鸡翅木盛行，但是福建地区也有很多用价格低廉的杉木和松木制作的家具。

闽作家具的典型特征是做工异常精美（图534），尤其是用龙眼木制作的家具，比如图305中的拔步床，用红木制成，并嵌有黄杨木饰板，而且精雕细刻。不过，闽作家具同广作家具一样，形体较苏作家具更为粗犷。闽作柜子的腿足较其他地区的稍长，柜面上多有花卉状凸起（图535）或南瓜状饰物。在清晚期，闽作桌案或机凳腿足的马蹄多高挑挺拔。闽作家具的另一典型特征是，腿足顶端与座面边框直接相交而不设牙板。用双套环（即双币造型）、短竹竿、如意纹等卡子花来装饰罗锅枨似乎是闽作工匠的首选。柜身上使用修长的铜面叶的做法也很常见。此外，闽作家具的弯足落地处为外翻造型，也是闽作家具设计的典型特征之一。

半月桌是闽作家具的一大特殊形制，有些半月桌在腿足间还装有低矮的格栅搁板，用以盛放物品。闽作罗汉床，其三面围板较其他地区的同类家具要高很多。此外，有些床榻的马蹄足不是直接落地，而是下承球形小垫。这些都是闽作家具的独特之处。同广作家具崇尚华丽的品位一样，闽作家具用料阔绰，喜用独板大料（图535~538）。

清朝时期，福建地区的红漆家具十分普遍，尤其是装有标志性蝶形锁具面叶、镶嵌玻璃饰物的超大型衣柜。这些髹漆家具通常还饰有金箔装饰及精美的雕刻纹饰。

图535

图536

图537

图538

图535
来自福建省的髹朱漆松木柜，超大规格，典型的蝶形锁具面叶，柜面上还有凸出的花卉纹饰。制作于19世纪。蒋汉娜的藏品。

图536
来自福建省的柏木、红豆木及松木柜，柜门面板镶嵌花瓶纹饰，这种纹样并不多见。制作于19世纪。蒋汉娜的藏品。

图537
来自福建省的髹朱漆松木柜。制作于19世纪。蒋汉娜的藏品。

图538
来自福建省的成对松木桌，髹朱漆及黑漆，侧面边线描金。这种形制的桌子在市面上很常见，仿品也很多，可用作床头柜。在古代，这类小型桌案通常被放在拔步床内，用来存放贵重物品。制作于19世纪。蒋汉娜的藏品。

第13章
包浆的去和留

家具表层的包浆是去还是留？这是个问题。20世纪80年代，古董家具出口浪潮初现时，人们首先想做的是剥除家具表面的漆层和污垢，以展现木料的自然之美。熟知红木家具的香港工匠采用的是传统的修复方法（图539~541）。通

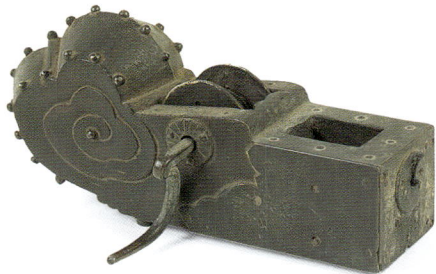

图540

图539（第196页）
圆角柜复制品，修复时添加了从其他古董家具上拆卸下来的透雕饰板。照片由台湾雅典襟艺术品管理顾问公司提供。

图540
墨斗，古代木匠用来测量和画线的工具。墨斗的存世数量很大，因为在古代它们是木工或建筑行业的必备工具。古代的工匠基本上都有一套属于自己的工具，且通常都是自制的。黑国强的藏品。

图541
王就稳，香港家具修复师，也经营古董家具生意。他是业内公认的顶级中式古典家具修复师之一。

图541

图542

图543

常是先用水软化木料表面，然后刮除表层，再上蜡或刷涂虫胶，这种方式就是大家熟知的"法式抛光"。

家具是否需要重新处理以再现其百余年前刚离开作坊时的本来样貌？是要给人一种光鲜亮丽的感觉，还是应该保留岁月的痕迹？你愿意保留家具原有的包浆，并对岁月的磨痕赞叹有加吗？

傲斐艺苑的创办人之一阿曼达·克拉克指出，对许多想要寻得一件精美家具来凸显自己家居品位的买主来讲，他们希望这件家具能够与家中其他陈设融为一体。所以这件家具必须干净整洁、

图542
当代香港古董家具修复工坊里使用的工具。

图543
为了不显露修复痕迹，应选用与家具原始木料的质地、纹理匹配或十分接近的木料。因此，王就稳先生收集了许多黄花梨老料，以备修复时使用。

光鲜亮丽，而不是看起来像刚从货车上扔下来的那样。

那么，严谨的藏家会做何选择呢？其实，即便是这个群体意见也不尽相同。古董商伍嘉恩女士认为，经典的明式家具并没有厚重的漆面。她主张擦除所有灰迹、剥离现有漆面，以恢复家具的原始状态。"我并不认可那种认为修复或抛光会将原始光泽带走的说法。就硬木家具而言，除了制作之初上的蜡，我还从未见过有什么所谓的'原始漆面'。当然，家具的底面和内里出于防潮考虑而进行处理的情况除外。"而上蜡并不是源自中国的传统做法，是中国人在20世纪初才开始采用的一种西式方法。因此，不要也罢。

但有人对此持不同意见。英国伦敦的古董家具修复师克里斯托弗·库克表示，自己并不喜欢明式黄花梨家具那"清一色的黄蜜色"的外观。"我们今天经常见到的黄蜜色表面都是经过后来美化的，是过度修复的产物。"他说道。以前，在香港荷李活道两侧的商铺内，"数百件家具经过刮擦和打磨后，表面的老旧痕迹统统被移除，再经大量的清水冲刷，历史岁月留下的痕迹最终流入了香港的地下排污管道。"

目前，库克和为数不多的古董商坚持认为，应设法保留家具的原始漆面，无论其状况如何。他们拒绝剥离和上蜡的做法，主张仅去除家具表面的污垢，尽量保留氧化后的漆面。"将古董家具表层之物全部移除其实是对其历史的一种否定。"他说道，"原始包浆是古董家具的价值所在，失去它，古董家具与现代家具就没有差别了。"洪光明对此表示赞同。他认为，经年的风化与使用形成的包浆，这是一种理想的美学效果。若是质地较软的木材制作的家具，其风化程度会更为不均匀。扶手椅上的包浆展现的是多年抓握的痕迹，而桌案上的包浆则可能是由陈年浸染的墨迹或水渍造成的。当今的藏家对于这些岁月痕迹的喜爱程度明显远超从前。

图544

中式古董家具的修复自古以来都不是易与之事，今日亦然。可以说，修复的质量在一定程度上决定了古董家具的价格。因此，购买古董家具时，一定要仔细检查其修复情况。出货的商铺是否拥有专业的修复作坊，是否能实时监控修复进展并确保质量？采用了哪些修复技术？如果你喜欢"法式抛光"的处理方式，那么就要从擅长此道的商铺购买；如果你偏爱光泽度较低的家具外观，那么就要选择那些努力保留包浆的古董商。陈鉴泉认为，后期修复的好处是，可以保持家具表面涂层的均匀一致，并可防止软木因潮湿而发生翘曲。"我一般会在家具表面涂抹一些虫胶而不是上蜡，因为蜡1年内就会褪色。"

中国古代木匠的工具通常都是自制的，墨斗便是其中一例。它是用于木料表面划线的一种手工工具，是每个木匠的必备之物，本身亦是一件艺术品（图

540）。现如今，许多修复师仍在使用传统的手工木工工具（图542）。比如香港的王就稳，一直使用的是传统的木槌和手摇钻，打磨抛光使用的是棕榈树纤维制成的毛刷和竹质工具。如过遇大的裂缝或缺口，王就稳会选用纹理质地与家具用料相同或相近的木料进行修补。此外，他经常重塑榫头重新匹配卯眼，以完成修复过程中的重新组装（图543、图544）。在最后的抛光打蜡这一步，他使用的是含蜂蜡和棕榈蜡的英国"布莱蜡"（Briwax）。

库克指出，为了防止清理过度，修复师应避免使用草酸剥离剂，应使用温和的水溶性产品。因为酸性剥离剂会导

图544
清乾隆年间大型紫檀嵌大理石座屏的站牙，王就稳正在修复的作品。其上的一些雕刻纹饰已破损，须嵌入新的木料并重新雕刻。

图545
来自山西省的朱漆柜，莲花图案。精美的柜子在修复对被更换了整脚的牙条，这是一个修复失败的例子。在出售前，傲斐艺苑将这个牙条移徐了。制作于19世纪。照片由傲斐艺苑提供。

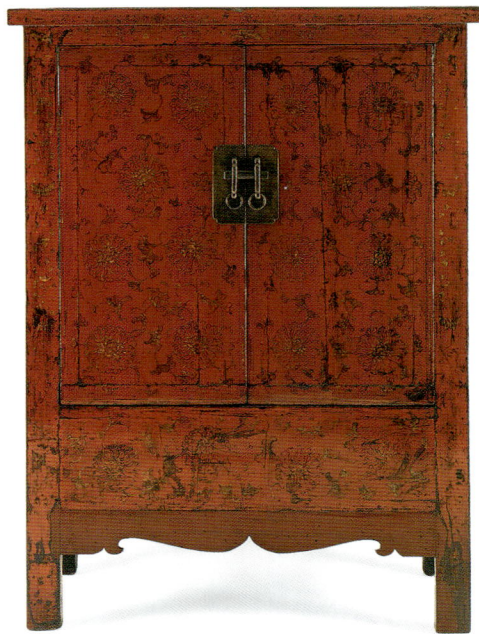

图546
方角柜复制品，修复时添加了从其他古董家具上拆卸下来的透雕饰板。照片由台湾雅典裸艺术品管理顾问公司提供。

图547
来自浙江省的髹朱漆大型储物柜。制作于19世纪晚斯。这件柜子的牙头也是后来修复时添加的。照片由傲斐艺苑提供。

图545

图546

图547

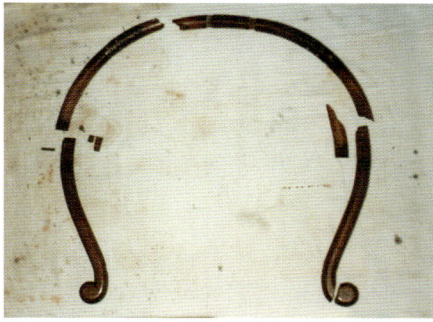

图548
英国古董家具修复师克里斯托弗·库克完美地修复了一把"太师式"交椅，以供拍卖。

图548

致木料上的管孔打开，增加后续的填充难度，最终在木料表面留下麻点状痕迹。"剥离包浆是改制，不是修复。"王就稳说道，"只有在家具表面特别脏的时候，才能使用它"。他个人比较喜欢简单地擦涂酒精来除污。

作为一名藏家，练就一双能识别修复痕迹的慧眼是极为重要的。修复状态是判定家具真伪的一个重要参考和依据。以香港市场为例，目前在售的所谓的古董家具中，有三分之一左右其实都是故意做旧的新家具，而剩下的三分之二中，大部分也经过了不同程度的修复处理。拆解古董家具，然后将其部件用于制作其他家具的情况屡见不鲜（图545~548）。造假者甚至发明了木料做旧技术，以及让漆层开裂、形成看似明清时期包浆的技术，以达到以假乱真的目的。他们常常使用金属刷和钢丝绒来摩擦家具表面，使其表面变得粗糙，甚至会将家具埋在泥土中使其"老化"。

此外，有些家具的腿足会被锯短以降低整体的高度，还有些家具的标准样式被抛弃，改制为更为少见的样式，以

便引人注目。例如，因为现代家居中小型条桌使用更为广泛，所以方桌常被改小，当作条桌出售。若不法商贩想用清式家具冒充明式家具，刮掉装饰性的雕刻纹饰是其惯用伎俩（图549）。在标准的方桌上添加罕见的元素，比如弓背牙子，也是提高售价的方法之一。

当然，在古董家具界，有些改动是可以接受的。对柜子下部的牙板或桌案的腿足进行修复是很常见的。只不过有些修复很失败，比如图545中的柜子，其下面的牙条很显然是后来添加的，看起来很不协调。于是，傲斐艺苑在对这一柜子进行修复时，将这一丑陋而又多余的牙条移除了。

但是，一件古董家具修复到何种程度时就不能再称其为古董家具了呢？这个问题不好简单作答。原则上来讲，修复的目标是重现家具本身具有的、与其估算年代相符的特征。没有人会主张要家具必须完全保持原样。"若家具只能保留'被发现时'的状态，那么世人将失去一睹其灰暗惨淡的外表下精彩内在的机会。"库克说道。不过，实际情况远

比说起来更加复杂。

大多数的古董家具都有破损的部件和污渍。修补虽然很有必要，但优秀的修复师会在修复家具时尽其所能地避免使用环氧树脂等黏合剂。在木工界，有一种世代相传的天然黏合剂，即"鳔胶"，是用鱼鳔或动物皮革制成的，有时工匠会将鳔胶涂进接合部。这种胶的特性是遇到热水就会溶化。在制作榫卯结构等木工接合件时一定要考虑到由于湿度和热量的波动引起的木材的膨胀和收缩。以攒边打槽装板法嵌入的桌案面板板心或者柜子的门扇都事先考虑了木材的收缩问题，因此，这类嵌板上很少使用黏合剂。不过，现在修复家具时经常使用一种新型的黏合剂——氰基丙烯酸酯黏合剂。这种黏合性极强，可以用来修补接合件上细如发丝的小裂痕（图548）。

王就稳指出，如果一件古董家具看不出任何修复的痕迹，那么这个修复就是非常成功的。若木板间的缝隙过大，那么这个修复就是不合格的。修复痕迹必须不易觉察，一张修复后的桌案放置

图549

图551

图550

图552

图549
这类清式椅子券口牙子上的精美雕刻纹饰有时会被无良商家刮掉，用来冒充经典的明式家具出售。

图550
黄花梨罗锅枨藤编软屉机凳修复图。

图551
榆木榻具，藤编软屉。这种榻具本来可供一位成年人舒展四肢躺卧于上的，图中这件榻具的长度明显缩短了。制作于19世纪末至20世纪初。照片由微斐艺苑提供。

于地面时，应处于平稳状态，腿足的锥度变化应均匀平缓。好的工匠是不会允许出现扭曲或翘曲现象的。

王就稳还认为，必要时更换家具的某些部件也是合情合理的。常见的修复或更换多发生在椅子的牙条部位以及藤制软屉上。藤制软屉的修复过程较为烦

琐，需要穿过椅子座面周围的空隙将细藤材反复穿插编织，直至形成完整的座面（图550）。不过，他同样指出，更换椅子的腿足或座面与更换缺失的靠背板（体现椅子风格和价值的关键部位）不可同日而语。按照这一标准，市面上在售的许多古典家具其实都修复过度了（图551）。如果一件家具是用从多件古董家具上拆解下来的部件或多种木料组合而成的，那么它就不再属于古董家具了。

虽然不再具有收藏价值，但这些过度修复的家具大部分仍然物有所值：实木材质、手工制作、价格合理。虽说有些家具批发商试图以次充好，用重新组装的家具冒充古董家具售卖，但目前许多古董商对待仿制家具是能做到如实相告的。贸易商扎菲尔·伊斯兰（Zafer Islam）在广州番禺从事家具批发生意，

既出售真正的古董家具，也销售其仿制品。他发现，许多买家其实"并不介意一件家具新旧参半的状态"。他的公司有时会将收购来的古董家具上的门扇改制成新书架上的搁板或新咖啡桌上装饰性的面板出售，销路均不错。所以，这些买家真正在意的是家具的外观以及价格。

随着存世古董家具可供交易的数量不断减少（图552、图553），越来越多的古董商开始转向设计新家具（图554）。"由于老料越来越少，制作新家具已成为古董家具商谋求发展的自然且必然之选，"柯惕思说道，"这些古董家具商依然经营古董家具的生意，只是不能再依靠批量交易来维持生计了，他们必须谋划未来。"这种家具可以称为"新明式"。古老的形制即便在21世纪也能焕发新的活力，满足新时代的需求。传统的药橱，

图553

图555

图554

图556

图552

红漆柜，带有装饰精美的门扇及绦环板。照片由台湾雅典褛艺术品管理顾问公司提供。

图553

黄花梨仿竹式方形炕桌。将名贵木材仿制成平凡简素的竹子，这也是古代文人品位的一种体现。约制作于17世纪。叶承耀医生的私人藏品。照片由伍嘉恩提供。

图554

只要外观还不错，许多买家其实并不介意家具是不是古董。你能看出这件柜子是新作还是古作吗？它是全新的，由设计师陈仁毅位于上海的"春在中国"家具设计公司出品。照片由台湾雅典褛艺术品管理顾问公司提供。

图555~557

清代药橱，经过加长和改造后可用来存放 CD 和 DVD，有时还可兼作电视柜。照片由台湾雅典褛艺术品管理顾问公司提供。

图557

过去是盛放中草药的，现在经过重新设计，可以用来存放 CD（图555~557）等物品；来自甘肃的一张画案经过改造后变成了一张颇具北欧风格的餐桌；即便

是盛行于18世纪的官用文房盒，几经改造后，如今变成了居家最常见的纸巾盒。所以，没有什么设计是不可改变的。

陈仁毅等设计师不断从古董家具中

汲取灵感，逐步改变了早期木工手册中制定的流程。在对古董家具进行了数年的研究和修复后，陈仁毅目前致力于改造、翻新古董家具。唐代的箱式榻具经改造后，成了明式圆角柜和现代风格的箱子（图558~560），而宋式条桌经过改造后具有了折叠属性。昔日的颜色库喜添新成员。虽说经典的黑色和红色仍在广泛使用，但是陈仁毅用现代颜料调制出了青绿色和石灰绿等能够提供古老视觉韵味的裂纹面漆。

新明式的家具制造商并不回避多种材质和造型的混搭。图561中的太师椅，是由建筑师何周礼设计的，钢制腿足与木质座面和靠背板形成了鲜明对比。建筑师王亨利（Henry Wang）在上海拥有自己的古董家具店。他尝试将中式风格与日式美学融合，设计了一系列打破常规的家具。图562所示，便是将中式太师椅与日式榻榻米融合的典范。图563中的设计特色十足，这例官帽椅的上半部分被截断拉长，用以悬挂丝质壁毯。这是一种颠覆传统的设计，可能也是中国风再次引领世界室内设计的一个信号。

"每个时代都为家具的发展做出了一定的贡献。但在改革开放之前，中国的家具发展明显进入了一个低谷。"台湾雅典襟艺术品管理顾问公司的丁朱莉（Julie Ting）说道。改革开放之前，没有新的设计出现，也没有对旧式形制的调整和创新。不过，现如今，一切都在改变。中国兴起的这一股新的设计浪潮正是对20世纪30年代的装饰艺术风格运动的延续。在西式审美品位和当地需求的驱动下，中式家具正在步入一个全新的创新阶段。毫无疑问，这一批新设计者引领的新美学潮流将为后世津津乐道，细心研究。

图558

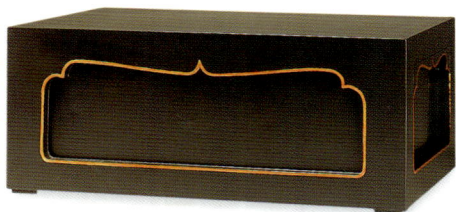

图559

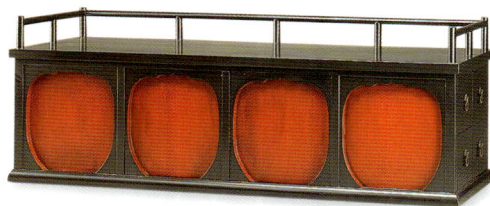

图560

图561

图558~560
由唐式榻具改造的新式家具，其中壶门式边饰（图558）和枨子的样式均有与之对应的文物实物。陈仁毅在唐式家具的基础上设计制作了许多新式的长凳和箱子。照片由台湾雅典襟艺术品管理顾问公司提供。

图561
建筑师何周礼设计的现代款太师椅，腿足为钢制，其他部件为木制。

图562
建筑师王亨利将中式风格与日式美学融合在一起，设计制作了一系列新式家具，摆放在他上海的古董家具店中待售。

图563
王亨利为上海美术馆的新中式家具展专门设计的极具创意的扶手椅。

图562

图563

第14章
买家注意事项

在中国市面上，中式家具随处可见。作为最大的家具市场之一，珠海是专业和业余古董藏家的寻宝圣地（图564）。这里地理位置优越。珠海、中山、江门及番禺等地家具厂林立，使得广东南部地区成为家具产业的中心地带。临时店铺及摊位遍布街巷两侧，绵延数百米。家具及家居用品应有尽有：朱漆婚箱、雕工精细的屏风、长方形机凳、太师椅、西藏风格的箱柜等。不过，真品与赝品齐飞、古董与仿品同在，且仿品与组装类家具在数量上远超真品古董。随着流通的中式古董家具数量的减少，越来越多的古董商转向了仿制家具，以满足全球对时尚的东方样式家具的需求。

在这些街巷市场里，李昌等商人在其店铺外面摆放着污迹斑斑的家具待售。一些6英尺（约1.8米）高的门很受欢迎，虽然漆面剥落、合页生锈，但这正是许多买家所追求的沧桑样貌。然而，它们是真的已有逾百年的历史，还是刚刚做旧的？经过一番思想斗争，李昌吐露了实情：这些门根本不是古董。他在

中国四处搜寻老旧松木，而后制成城门样式，使其看起来好像经历过古代战火的洗礼一样。他在自己店铺外面的街道上完成门的制作后，便将其放在那里任凭风吹日晒雨淋，以加速木料的老化及五金件的锈蚀。最后一步是涂抹一层漆料。"在漆料凝固之前抹上一些泥浆。这样等把泥土去掉后，漆料就会部分脱落。"他说道。

香港古董商蒋霭玲发现，许多家具都是人为做旧的。她一眼就看出李昌售卖的门是赝品，因为门底部的木料很光滑，并有明显的电圆锯加工痕记。如果这个门是古董，那么它的磨损一定会很明显，且不会出现现代工具的加工痕迹。

但是古董买家中拥有蒋霭玲这样专业眼光的毕竟是少数。而很多工匠的造假技艺堪称神乎其技，他们能够将大幅改动或过早老化的痕迹完美地隐藏起来。所以，购买古董虽然一本万利，但也陷阱重重。一张标明"清晚期榆木"的狭长供案，标价2500美元，其实是用从数件破损的古董家具上拆解下来的

部件拼凑而成，或者是用废弃建筑物中清理出来的木料制作的。买家若是知道这一点，一定会非常震惊。为了让家具看起来饱经风霜，造假者可能会将其置于泥坑中浸泡数月，任凭风吹雨打；或者用苏打石灰、草酸（漂白剂）、丙酮、油漆等化学品组合起来进行处理。

对古董商和散户买家来讲，购物之旅是对其智慧的考验。因为，赝品与真品并存（图565）。有些卖家较为诚实，但其他卖家则不然。后者会半真半假地编造一个关于其家具的故事。所以，在

图565

图564（第206页）
广东珠海的家具市场一角。这里是中国最大的家具市场之一，其中古董家具与赝品鱼龙混杂。照片由信诺派克斯（Sinopix）图片社提供。

图565
赝品机凳，马可乐20年前以2000元人民币的价格买下。"这是我买到的第一件赝品。"他说。后来古董商打算将其买回并表达了歉意，但他决定留下，以便时刻提醒自己这一行中陷阱的存在。

图566

约质朴的设计样式，这种看似保守的样式在清早期也同样风行。直到乾隆年间，由于乾隆皇帝崇尚繁复而奢华的雕刻装饰，这种风格才逐渐被取代。事实上，目前存世的明式家具大部分都是清早期制作的。这些"古典"家具在拍卖会上的成交价格不断刷新历史纪录，这不仅是由于其精湛高超、无与伦比的制作工艺，还因为第一批西方藏家更为偏爱这种简约严谨的风格。

在藏家看来，经典中国古董古典家具是不能与软木中国古董家具混为一谈的。一件软木家具，即便是出自明朝时期，也不能称其为"古典家具"。在目前存世的古董家具中不乏400年历史的软木桌案和椅子，但是它们的价值远不及同时期的黄花梨或紫檀家具。

目前市面上大部分的古董家具都是制作于清中期至清晚期的软木家具。虽说用榆木或魁木制作的家具其价格可能永远无法达到黄花梨家具的高度，但质量上乘的民间款软木家具的价格也在迅速上涨。简洁的设计、合理的比例，这样的软木家具越来越受青睐。

哪些值得入手

投资古董家具与买几件漂亮家具装点室内是完全不同的。若是咨询黑国强等高端古董商，你会被告知，真正有升值潜力的古董家具只有黄花梨或紫檀等硬木制成的古董家具。20世纪80年代，大量古董家具流向海外，当时许多古董商和藏家果断出手，实为明智之举。更早的，比如毕格史夫妇，他们在20世纪60年代从陈鉴泉先生的父亲手中仅以1000美元的价格购入了一件黄花梨宝座（图566），而陈鉴泉在1997年的拍卖会上将其购回却支付了3.45万美元的高价。还有一位藏家1993年入手的一对黄花梨四出头官帽椅，花费仅为6400美元，10年后在纽约佳士得的秋拍上拍出了34.35万美元的天价。

对打算现在入场的大多数藏家来

图566
黄花梨宝座。这类宝座是作为将佛教或道教的神像送至宗教仪式上的承具。宝座雕刻繁复，纹饰复杂，包括麒麟、喜鹊登梅、神龙及凤凰等。制作于17世纪。最初，罗伯特·毕格史仅以8000港币购入，后在1997年的拍卖会上以3.4万美元成交。照片由毕格史夫妇提供。

图567（第210页）
珠海市场一角。这里是淘宝者的乐园。图中，数十件来自山西和浙江老宅里的门窗散落各处。照片由信诺派克斯图片社提供。

你决定掏腰包付款之前，最好做一些研究。下面有几点建议可供参考。

"风格"的含义

早期的西方藏家醉心于"经典中国古董家具"，就是那些用黄花梨、紫檀、鸡翅木等硬木制作的明式家具。不过，"明式"一词有一定的误导性，因为并不是所有的"明式"硬木家具都出自明代。明式指的是明代为文人雅士所钟爱的简

说，硬木古董家具的门槛已然高企。在2004年的纽约佳士得拍卖会上，大件家具的成交价格普遍很高。一对制作于17世纪的黄花梨南官帽椅拍出了13.07万美元，一件清乾隆时期的紫檀罗汉床更是拍出了84.75万美元的高价。最便宜一件拍品是制作于18世纪的黄花梨梳妆盒，带折叠镜台，起拍价也高达6000美元。所以，如果打算开始收藏"古典家具"，就要备好大量资金。不过，如果你只是想购买几件精美的家具，让家居具有一些东方韵味，那么不妨入手几件传统的供案、圆角柜或者南官帽椅，这些都是不错的选择。

目前，市面上的供案及四出头官帽椅仍存量丰富。曾经一度风靡的方形茶几，通常也是物有所值的。主要是因为人们发现其不便于居家陈设，所以这种茶几目前的需求量不大，价格较为实惠。罗汉床以及交椅和屏风等存世不多的古董家具价格则普遍较高。

除了明式古典家具，民间款古董家具也是不错的选择。若是出于投资的考虑，软木古董家具想要达到黄花梨或紫檀家具的身价可能尚需时日。不过，就连佳士得的专家杜超惠（Theow Tow）等人都在建议友人囤积软木古董家具："其构造和线条都很棒，有些作品无论是在木料质地上还是文化价值上都不输黄花梨或紫檀家具，而且价格实惠。"以佳士得为例，2004年的拍卖会上，一件超大型长方形樟木衣箱及其底座仅需7170美元；一套6把制作于17或18世纪的榆木南官帽椅只需9000美元。

马可乐指出，目前核桃木制成的古董家具在新生代藏家中很受欢迎。核桃木虽没有黄花梨或紫檀的盛名，但由于这种木料在北美地区颇受重视，因此出货量也在不断增长。顶级的古董核桃木家具大都来自山西地区，风格古朴。马可乐的藏品中有数件清早期或清中期的明式核桃木家具，可能总计仅花费了2万~4万美元。一张普通的清代桌案仅需2000美元便可买下。

陈鉴泉先生深以为然。他建议那些喜欢软木古董家具的人去山西寻宝。那里在明朝时期曾富甲一方，古董家具的质量都是一流的。福建地区亦然，那里也曾为富庶之地，工匠们用料考究，匠心独运。

此外，陈鉴泉还建议购买"大型画案"，因为它更为实用：既可当作书桌，也可当作餐桌。而且，由于"它是文人雅士书房必备之物，因此质量上乘"。

上海装饰艺术风格的家具也是藏家们醉心收藏的一类。20世纪20~30年代，上海工匠从西式设计中汲取灵感，使用有光泽的红木制作了装饰艺术风格的家具。在21世纪的前10年，上海的许多老旧房屋陆续拆除了。在这一过程中，有心人进行了抢救性"拾遗"，累积了许多重要藏品。这类家具大多都被欧美的古董家具商抢购一空。在中国，一对装饰艺术风格的椅子标价约为5000美元，但在纽约却高达1.5万美元。

陷阱无处不在

目前，市面上许多所谓的古董家具其实都是赝品。为了避免买到假货，王就稳提醒买家要仔细查看每一处修补，检查是否有改制的痕迹。如果家具的比例尺寸过于完美，那么它很可能是假货。若一个药橱刚好能放得下CD、一件咖啡桌的高度同沙发正好匹配，那么对于这样的家具要格外小心。此外，还要留意过度修复的情况。在家具表面髹涂清漆或者全新的黑漆，很可能是为了掩盖某些蹩脚的修复。还要注意查看木材表面是否有麻点。若使用强效化学制品剥离家具表面的漆层，就会造成木料管孔无法闭合，从而形成麻点。买家想要的是那些经过修复后恢复与估算年代特征相符的家具，而不是仿品。近年来，双组分环氧树脂胶及其他黏合剂已被广泛应用于家具修复中，但绝不会用于以攒边打槽装板法安装的桌案面板板心。若在这样的板心上使用黏合剂，可能会

出现灾难性的后果。木材对环境极为敏感，会根据周遭湿度和热量的变化而膨胀或收缩。若接合部位没有预留出额外的空间，那么木料就会在其他部位开裂，从而破坏整件家具的美感和质量。

在修复前购入

尽量购买那些未经修补或修复的古董家具。有些古董商允许熟识的主顾进入其作坊去挑选心仪的家具。黑国强指出，这是买家实现"所见即所得"的唯一途径。在作坊里，更容易看出接合件是否陈旧、木料上是否有用电锯锯切的痕迹、家具是否是许多部件重新组装出来的。如果一件家具已然修复，"太过完美的就要当心了，"黑国强说道，"因为完美的家具几乎不存在，甚至博物馆中也没有。"

但也有些利好消息。许多古董商认为，美国人对中国古董家具的渴求推动了市场上中式家具需求的增长。所以当货源减少时，他们变得焦虑而恐慌，于是便有了很多人为了生存不顾一切造假的现象。很多正规的古董商则不然。以扎菲尔·伊斯兰为例，面对"古典家具"出货量不断减少的现状，他另辟蹊径，利用旧料制作新家具，比如将古董门窗（图567）改造为咖啡桌或书架。他这样做非但没有让生意受损，销量反而提升了。他也因此对美国的家具零售市场有了进一步的了解："买家其实并不介意家具是否新旧参半。"他说。以前，许多古董商都不愿透露其所售家具的修复程度，而现在，买家对于古董家具和改装家具的各有所好反而让古董商能够更为坦诚相待。

修复质量

热量及湿度对实木家具的破坏力都很大，而糟糕的修复无疑会雪上加霜。修复时必须考虑木材具有膨胀和收缩的特性。在接缝处使用黏合剂，有时也会

图567

造成家具在醒目处出现翘曲和开裂。因此，购买前须仔细查看主要接缝处的修复情况。理想情况下，木板间的裂缝和开口处应使用质地及纹理与之相同或相近的木料来修复；如果使用的是灰泥或黏合剂，则说明这个修复是不可取的。"修复师的任务是尽可能地利用传统方式将桌案或椅子等家具恢复其本来样貌，而不是用黏合剂将不同来源的部件拼凑起来。"克里斯托弗·库克如是说。

接合部

接合部即一块木料装入另一块木料时彼此相交的位置，比如将腿足装入桌面面板的相交处。随着时间的推移，木材本身的膨胀或收缩会导致接合件出现一定程度的凸起或向木板内缩进。因此，如果家具的腿足与面板的接合严丝合缝，那么这件家具就不太可能是古董家具。此外，还须检查接合件是用多块木料拼凑的，还是单一实木制成的。20年前，在中式古董家具热潮尚未到来时，在年久松动的接头处钉入小木楔进行加固是修复古董家具的普遍做法。所以，若是接头处有这样陈旧的小木楔，那么它很有可能是一件古董家具。

磨损

经过长时间的使用后，桌案的面板以及腿足部位难免出现磨损和破损。若是家具的这些部位看起来过于鲜亮整洁，那它们很有可能是后来更换的。再将家具翻转过来检查其底面，应是一种发干而未经加工的状态，且木料上通常还会残留些许陈旧漆料。此外，还要检查一下漆面的状况。若包浆的色泽过于光亮或清新，那么这件家具很有可能是新作，抑或是古董商为了掩盖严重的瑕疵或大幅的改动而故意为之。不过，诸如库克和王就稳等高级修复师都会尽力保留漆面或家具的原始外观。

价格差异

对于古董家具，若价格过于亲民，则很可能是仿品。为了向主顾展示赝品与真品价格之间的云泥之别，蒋霭玲女士曾以1923美元的价格购买了一件仿品琴桌。她说，如果是真品，则至少需要3.2万美元。坦诚的古董商通常会通过价格反映一件家具的修复程度。修复工作越多、使用的新部件越多，那么家具价格就越低廉。"不过，现在市面上充斥着大量的赝品，买家要学习的东西还很多。"她补充道。

可靠的古董商

市面上赝品横行，寻找一个可靠的古董家具商便显得尤为重要（图568）。在决定买入之前，先考量你的古董商，设法让他告诉你他所知道的一切，并从他的回答中筛选出有价值的信息，同时也可以检验一下，他在这方面的知识储备到底有多少，以及他是否在实话实说。不要轻信诸如"我知道这个是真品，因为我从业时间长，是这方面的专家"这样的说辞。不妨询问一下，他在买下这件古董家具时家具的状况如何？是修复过的还是原始状态？若是未经修复的，他在这件家具上做过哪些处理？他是否有家具修复前的照片？家具使用了哪种饰面？最重要的一件事，家具是否仍是原始尺寸还是改小过的？

"古董商应扮演引路人的角色，所以我并不介意人们来找我取经。这也是一种教育形式，而且古董商应为自己销售的古董负责。"高端古董商黑国强如是说。陈鉴泉建议藏家选择那些拥有最丰富的库存和知识储备的古董商合作，"他们似乎具有与生俱来的辨识真伪的直觉。"若是作为投资或想拥有属于自己的藏品，选择古董商时最好先查阅一下，有多少知名藏品是出自他的，还可以通过与其他藏家或策展人的交流去多方求证。最好可以货比三家（可参考本书第215~216页列出的可信古董商名单）。

结论

西方藏家对中式家具需求的不断增长既有美学的因素也有升值的考虑。自20世纪80年代由美国设计师杰伊·斯佩克特（Jay Spectre）和卡利夫·阿拉顿（Kalif Alaton）等人首次引入后，中式灯笼、佛头、髹漆柜子等已稳步成为装饰性家具中的主角。虽说简省和朴素的取向让往昔大热的"中国风"一度陷入困境，不过，随着家居装饰领域色彩及材质的增加，人们对于东方韵味（包括家具）的喜爱急剧回暖（图569）。"在美式设计中越来越多地融入了中式审美。"纽约的室内装饰师凯瑟琳·斯科特（Kathryn Scott）如是说。"中式家具简洁的曲线同当今美国的居家陈设完美地融合在一起。起初，这些样式看起来新颖，充满了异域情调，但是现在感觉很和谐，很适合。"她补充道。

中式家具热潮的推手之一是其卓越的性价比。无论是古董家具还是其复制品，人们都认为它们物有所值。实木材质，手工制作，价格同个人组装的宜家风格的家具或美式乡村风格的家具相比也没有高多少。

而对中国大陆的家具商来讲，中式装饰艺术潮流是一个福音。不过，更让人振奋的是，中式家具设计终于进入了正轨。新中国成立后，家具的功能性逐渐取代工艺技法，成为重中之重。专供富人的传统作坊纷纷关闭，甚至鲁班木匠行会也解散了。在来自中国的众多重要设计中，硕果仅存的便是20世纪30年代出现的上海装饰艺术风格的家具，比如红木及核桃木制成的大弧形扶手椅和有棱角的茶桌等。

70年后，中式家具设计终于涅槃重生。2002年，上海的建筑师王亨利在为上海美术馆的一次展览设计了几件现代家具后便开始着手自己的家具藏品设计。他设计制作的S形双人椅和C形户外露台家具等，灵感均来自战国时期的漆器和青铜器。王亨利对古董家具兴趣的激增在于它能在家具领域催生许多新的设计。尽管中国的现代家具设计还处于起步阶段，但是他坚信，中式家具终会在手工艺界重现往日辉煌。"传统的中式家具拥有无穷的设计潜力，人们已开始觉察到其中深厚的文化内涵。"他说。"中式风格总有一天会像今日之北欧风格这般无处不在。只要设计是原创的、独到的，不管它是'西式'还是'中式'，这个问题已经无关紧要了。"王亨利如是说道。

图568
来自山西省的赝品桌子，马可乐于2001年购入。古董商通过模仿早期宋代家具的形制和漆面来造假，"这件赝品仿制很成功，"他说道，"只有经过专家反复查验才能发现漆面上的裂痕以及包浆是故意做出来的，普通人很容易上当。"

图568

古董商指南

　　俗话说"货比三家"，这对于购买古董家具尤为重要。存世的中式古董家具数量越来越少，导致价格飙升，赝品横行。近年来，修复与复刻之间的界限变得模糊不清，因而收藏的风险也在不断增加。于是，人们迫切需要能够有效规避雷区的方法，其中之一便是找到可靠的古董商。以下是一份精心整理的名单，收录了部分目前世界上最可靠的古董商信息，供大家参考。

中国

春在中国（Ancient and Modern Furniture and Design）
上海闵行区放鹤路1780号
邮编：201109
电话：86-21-6450-8369
传真：86-21-6450-1966
邮箱：shanghai@aamfd.com
网址：www.aamfd.com

可乐马家具有限公司
天津市武清开发区泉发路18号
电话：86-22-8213-3333
传真：86-22-8216-8222
邮箱：clmafurn@126.com

上海汉瑞古典家具有限公司
上海市长宁区绥宁路796号
电话：86-21-5217-3833
邮箱：henrywang1958@yahoo.com.cn

善居上海
上海高潮路158号（近金沙江西路）
电话：86-21-5160-5212
传真：86-21-6283-9246
邮箱：shanju@chinese-furniture.com
网址：www.chinese-furniture.com/shanju.html

傲斐艺苑
香港中环遮打道10号太子大厦248-9号商铺
电话：852-2537-6370
传真：852-2537-6433
邮箱：altfield@netvigator.com

研木得益有限公司
香港中环荷李活道72A号地下
电话：852-3105-2002
邮箱：andyhei@andyhei.com.hk

何周礼建筑设计事务所有限公司
香港中环云咸街31号，1层及3~4层
电话：852-2117-7662
传真：852-2117-7661
邮箱：barrieho@barrieho.com

陈胜记
香港中环皇后大道228-230号联业大厦地下
电话：852-2543-1245，852-2544 0808
传真：852-2815-0561
邮箱：albert@chanshingkee.com

华艺
香港中环荷李活道15号地下
电话：852-2542-0982
传真：852-2854-1709
邮箱：chinaart@chinaart.com.hk

燕誉堂
香港中环荷李活道72号
电话：852-2815-9422
传真：852-2545-8599
邮箱：condorie@netvigator.com

恒艺馆
香港上环荷李活道170号地下
电话：852-2521-8923
邮箱：everartsgallery@gmail.com

嘉木堂
香港中环亚毕诺道3号环贸中心701室
电话：852-2537-1288
传真：852-2537-0213
邮箱：art@grace-wu-bruce.com

台北亚细亚佳古美术与艺术顾问公司
台北市仁爱路四段436号1层
电话：886-2-8780-1242
传真：886-2-8780-1347
邮箱：artasia@gcn.net.tw

台湾雅典襟艺术品管理顾问公司
台北东风路24号
电话：886-2-2325-2501
传真：886-2-2704-2124

邮箱：artchens@ms12.hinet.net

丹麦

博克画廊
丹麦哥本哈根瑞格尼盖德街2号
邮编：1110
电话：45-33-93-97-71
传真：45-33-93-97-72
邮箱：bork@galeriebork.com

法国

克拉克 & 史密斯古董店
波尔多玫瑰广场1号
邮编：33000
电话：33-5-56-521066
传真：33-5-56-72708
邮箱：ryst-dupeyron@wanadoo.fr

贝加尔湖美术馆
巴黎圣保罗大街24号
邮编：75004
电话：33-1-42-747339
传真：33-1-42-747335
网址：www.baikal.fr

罗汉堂（Galerie Luohan）
巴黎圣日耳曼德佩区马拉给堤道21号
邮编：75006
电话：33-1-40-156400
传真：33-6-80-416844

总督府（Maison du Gouverneur）古董家具店
巴黎圣安托万市郊路151号
邮编：75011
电话：33-1-46-281385
网址：www.maisondugouverneur.co

新加坡

新加坡安董堂古典家具公司
新加坡巴耶利峇路上段379号
邮编：534972

电话：65-6283-4782
传真：65-6284-7439
邮箱：justanthony@justanthony.com
网址：www.justanthony.com

新加坡鲁班庄
新加坡惹兰美拉沙加路43号集美花园
#02-70
邮编：278.15
电话：65-5479-7688
传真：65-5479-7008
邮箱：admin@lubanzhuang.com.sg
网址：www.lubanzhuang.com

宝塔屋画廊
新加坡都泽阁唐林路143/145号
邮编：247930
电话：65-6835-9435
传真：65-6737-8260
网址：www.pagodahouse.com

西班牙
东方印记（Memorias de Oriente）
巴利亚多利德市圣地亚哥路22号
邮编：47001
邮箱：memoriasoriente@memoriasdeoriente.com

泰国
拉蒙特设计有限公司（Lamont Design Ltd）
曼谷巴吞旺伦披尼隆齐路999号盖颂广场3层23室
邮编：10330
电话：66-2-656-1250
传真：66-2-656-1251
邮箱：alex@lamont-design.com

英国
好善镯（Gerard Hawthorn Ltd Oriental Art）
伦敦蒙特街104号
邮编：W1Y 5HE
电话：44-0-20-409-2888
传真：44-0-20-409-2777
邮箱：mail@gerardhawthorn.com
网址：www.gerardhawthorn.com

戈登·里斯画廊（Gordon Reece Gallery）
伦敦克利福街16号
邮编：W1X 1RG
电话：44-0-20-7439-0007
传真：44-0-20-7437-5715

邮箱：london@gordonreecegalleries.com
网址：www.gordonreecegalleries.com

尼古拉斯·格林德利艺术品有限公司（Nicholas Grindley）
伦敦考特尼广场2号
邮编：SE11 5PG
电话：44-0-20-7437-5449
传真：44-0-20-1449-614523
邮箱：nick@nicholasgrindley.com

苏珊·奥勒曼斯东方艺术品有限公司（Susan Ollemasns Oriental Art）
伦敦库姆拉路9号
邮编：W14 9HP
电话：44-20-7381-4518
邮箱：ollemans@tiscali.co.uk

美国
贝尤尔亚洲古董与装饰艺术品店（Beyul）
纽约西区12街353号
邮编：10014
电话/传真：212-989-2533
邮箱：beyul@minspring.com
网址：www.beyul.com

彩石画廊（CaShi Gallery）
科罗拉多州丹佛市胡桃街3458号
邮编：80205
电话：303-297-2947
传真：303-382-1263
邮箱：info@cashigallery.com

伊夫林中式古董家具有限公司（Evelyn's Antique Chinese Furniture, Inc.）
加利福尼亚州旧金山市海斯街381号
邮编：94104
电话：415-255-1815
传真：415-255-0688

恒艺馆（美国）
加利福尼亚州旧金山市联合大街1782号
邮编：94123
电话：415-776-7582
传真：415-776-0868
邮箱：everarts@msn.com

亚洲家具与艺术精品店（Fine Asian Furnishings and Art）
密苏里州堪萨斯城巴尔的摩100街2000号
邮编：64108

电话：816-221-2727
邮箱：robin@fafagallery.info

霍尼彻奇古董店（Honeychurch Antiques）
华盛顿州西雅图西湖大道北411号
邮编：98109
电话：206-622-1225
邮箱：john@honeychurch.com

马科斯·弗拉克斯古董家具有限公司（MD Flacks Ltd）
纽约东57街38号（6层）
邮编：10022
电话：212-838-4575
传真：212-838-2976
邮箱：md.flacks@verizon.net

明式家具（Ming Furniture）
纽约东64街31号
邮编：10021
电话：212-734-9524

明迈画廊（Ming Mai Gallery）
加利福尼亚州圣塔莫尼卡第四街1335号1A室
邮编：90401
电话：310-458-3903
传真：310-451-4207
邮箱：jane-wills@ming-mai.com

香格里拉古董画廊（Shangri-La Antiques Gallery）
爱达荷州克川市北大街371号10号房
邮编：83340
电话：208-725-2249
传真：208-725-2248
邮箱：wei@shangrilaantiquesgallery.com

水月古家具画廊（WaterMoon Gallery）
纽约杜安街110号
邮编：10007
电话：212-925-5556
邮箱：watermoon@mindspring.com

李溥屯画廊（William Lipton Ltd）
纽约东57街805号
邮编：10022
电话：212-751-8131
传真：212-751-8133
邮箱：gallery@williamliptonltd.com

参考书目

Altfield Gallery, *Wood from the Scholar's Table: Chinese Hardwood Carvings and Scholar's Articles*, Hong Kong, 1984.

Ang, John Kwang-Ming, *The Beauty of Huanghuali*, Taipei: ArtAsia, 1995.

Ang, John Kwang-Ming, "Further Studies of Chinese Furniture in Various Woods: Longyan Wood Furniture," *Arts of Asia*, September–October 1994, pp. 64–80.

Berliner, Nancy et al., *Beyond the Screen: Chinese Furniture of the 16th and 17th Centuries* (exhibition catalogue), Boston: Museum of Fine Arts, 1996.

Berliner, Nancy and Handler, Sarah, *Friends of the House: Furniture from China's Towns and Villages* (exhibition catalogue), Salem: Peabody Essex Museum, 1995.

Cammann, Schuyler, *Substance and Symbol in Chinese Toggles: Chinese Belt Toggles from the C. F. Bieber Collection*, Philadelphia: University of Pennsylvania Press, 1962.

Chambers Fine Arts, *The Chinese Scholar's Mind: Furniture from Late Ming to Early Qing Dynasties* (sales catalogue), New York, 2001.

Chambers Fine Arts, *A Minimal Vision: Furniture with Paintings by Yun Gee* (sales catalogue), New York, 2002.

China Art, *Antiques in the Raw*, Hong Kong, 1997.

China Art, *Regional Furniture*, Hong Kong, 1999.

Christie's, *The Mr. and Mrs. Robert P. Piccus Collection of Fine Classical Chinese Furniture* (sales catalogue), September 1997.

Clunas, Craig, *Chinese Furniture*, London: Bamboo Publishing, 1988.

Clunas, Craig, *Superfluous Things: Material Culture and Social Status in Early Modern China*, Cambridge: Polity Press, 1991.

Clunas, Craig (ed.), *Chinese Export Art and Design*, London: Victoria and Albert Museum, 1987.

Ecke, Gustav, *Chinese Domestic Furniture in Photographs and Measured Drawings*, New York: Dover, 1986; first published Rutland, Vermont: Charles E. Tuttle, 1962.

Ellsworth, Robert H., *Chinese Furniture: Hardwood Examples of the Ming and Early Ch'ing Dynasties*, New York: Random House, 1970.

Ellsworth, Robert H., *Chinese Furniture: One Hundred Examples from the Mimi and Raymond Hung Collection*, New York: privately published, 1996.

Evarts, Curtis, *C. L. Ma Collection: Traditional Chinese Furniture from the Greater Shanxi Region*, Hong Kong: C. L. Ma Furniture, 1999.

Evarts, Curtis, *A Leisurely Pursuit: Splendid Hardwood Antiquities from the Liang Yi Collection*, Hong Kong: Art Media Resources, 2000.

FitzGerald, C. P., *Barbarian Beds: The Origin of the Chair in China*, South Brunswick and New York: A. S. Barnes, 1966.

Garrett, Valery M., *Chinese Clothing: An Illustrated Guide*, Hong Kong: Oxford University Press, 1994.

Handler, Sarah, "Alluring Furnishings in a Chinese Woman's Dominion," *Orientations*, January 2000, pp. 22–31.

Handler, Sarah, *Austere Luminosity of Chinese Classical Furniture*, Berkeley: University of California Press, 2001.

Handler, Sarah, *Ming Furniture in the Light of Chinese Architecture*, Berkeley: Ten Speed Press, 2005.

Kates, George N., *Chinese Household Furniture*, New York: Dover Publications, 1962.

Knapp, Ronald G., *China's Living Houses: Folk Beliefs, Symbols and Household Ornamentation*, Honolulu: University of Hawaii Press, 1999.

Knapp, Ronald G., *Chinese Houses: The Architectural Heritage of a Nation*, Vermont and Singa-pore: Tuttle, 2005.

Knapp, Ronald G. and Lo, Kai-Yin, *House Home Family: Living and Being Chinese*, Honolulu: University of Hawaii Press, 2005.

Lam, Willy Wo-Lap, *Classic Chinese Furniture: An Introduction*, Hong Kong: FormAsia, 2001.

Latham, Richard J., "Regional Chinese Furniture," *Orientations*, January 2002, pp. 40–9.

Lo, Kai-Yin (ed.), *Classical and Vernacular Chinese Furniture in the Living Environment*, Hong Kong: Yungmingtang, 1998.

MD Flacks, *Classical Chinese Furniture IV* (sales catalogue), New York, Spring 2001.

MD Flacks, *Classical Chinese Furniture VI* (sales catalogue), New York, Spring 2003.

Orientations, *Chinese Furniture: Selected Articles from Orientations 1984–1999*, Hong Kong, 1999.

Roche, Odilon, *Les meubles de la Chine*, Paris: Librairie des Arts Décoratifs, 1922.

Ruitenbeek, Klaas, *Building and Carpentry in Late Imperial China: A Study of the Fifteenth Century Carpenter's Manual Lu Ban Jing*, Leiden: E. J. Brill, 1993.

Tian Jiaqing, *Classic Chinese Furniture of the Qing Dynasty*, Hong Kong: Phillip Wilson Publishers, 1996.

Wang Shixiang (trans. Sarah Handler and Karen Mazurkewich), *Classic Chinese Furniture: Ming and Early Qing Dynasties*, Hong Kong: Joint Publishing, 1986.

Wang Shixiang, *Connoisseurship of Chinese Furniture*, 2 vols, Hong Kong: Joint Publishing, 1990.

Wang Shixiang and Evarts, Curtis, *Masterpieces from the Museum of Classical Chinese Furniture*, San Francisco: Tenth Union, 1995.

Wu Bruce, Grace, *Chinese Classical Furniture*, Hong Kong: Oxford University Press, 1995.

Wu Bruce, Grace, *Living with Ming: The Lu Ming Shi Collection*, Hong Kong: Grace Wu Bruce, 2000.

Wu Bruce, Grace, *Zitan Furniture from the Ming and Qing Dynasties* (sales catalogue), Hong Kong: Grace Wu Bruce, 1999.

Yip Shing-Yiu and Wu Bruce, Grace, *Chan Chair and Qin Bench: The Dr. S. Y. Yip Collection of Classic Chinese Furniture II*, Hong Kong: Chinese University of Hong Kong, 1998.

洪光明:《黄花梨家具之美》,台北:亚细亚佳古美术与艺术顾问公司,1995。

《岁月中的家具》,《中国艺术》,香港:1997。

马可乐、柯惕思,《可乐居选藏山西传统家具》,山西:山西人民出版社,2012。

那仲良:《图说中国民居》,北京:生活·读书·新知三联书店,2018。

马未都:《中国古代门窗》(双语版),北京:中国建筑工业出版社,2001。

台北历史博物馆:《风华再现:明清家具收藏展》,1999。

台北故宫博物院:《特展:绘画作品中的家具》,1996。

王世襄:《明式家具珍赏》,香港:三联书店,1985。

图569(第218页)
美国明尼阿波利斯美术馆内复原的17世纪明代主厅堂的陈设。一件大型折屏立于罗汉床之后,旁边放着一对太师椅。照片由迈克尔·弗里曼提供。